CB065764

KATE HODGES

MULHERES NOTÁVEIS

Conexões inspiradoras entre mulheres nas artes,
na política, nas ciências e no esporte

PREFÁCIO POR
LUCY MANGAN

ILUSTRAÇÕES DE
SARAH PAPWORTH

PUBLIFOLHA

PREFÁCIO 6
INTRODUÇÃO 8

Manuela Sáenz 10
1797-1856 Peru (n. Equador)
▶ Leonora Carrington

▶ Anita Garibaldi 12
1821-1849 Brasil
▶ Louise Michel
▶ Anna Jaclard
▶ Sofia Kovalevskaia

▶ Anna Magnani 14
1908-1973 Itália
▶ Meryl Streep

George Eliot
(Mary Ann Evans) 34
1819-1880 Reino Unido
▶ Rainha Vitória
▶ Virginia Woolf

◀ Sofia Kovalevskaia 32
1850-1891 Rússia
▶ Louise Michel

◀ Anna Jaclard .... 28 ◀
1843-1887 Rússia
▶ Louise Michel
▶ Manuela Sáenz
▶ Anita Garibaldi

▼
Elizabeth Garrett
Anderson 36
1836-1917 Reino Unido
▶ Emmeline Pankhurst
▶ Sylvia Pankhurst

▶ Mary Somerville 38
1780-1872 Reino Unido
▶ Florence Nightingale

▶ Ada Lovelace .... 40 ▶
1815-1852 Reino Unido
▶ Joan Clarke

Clara Wieck Schumann .. 58
1819-1896 Alemanha
▶ Nina Simone

◀ Fanny Mendelssohn 56
1805-1847 Alemanha

◀ Rainha Vitória .... 54 ◀
1819-1901 Reino Unido
▶ Florence Nightingale
▶ Ada Lovelace

▼
Katharine Hepburn 60
1907-2003 EUA
▶ Elsa Schiaparelli

▶ Gypsy Rose Lee 62
1911-1970 EUA
▶ Josephine Baker
▶ Leonora Carrington
▶ Gala Dalí

▶ Hedy Lamarr .... 64 ▶
1914-2000 EUA (n. Áustria)
▶ Katharine Hepburn

Marie Curie 82
1867-1934 França (n. Polônia)
▶ Simone de Beauvoir

◀ Marie Mattingly Meloney . 80
1878-1943 EUA

◀ Eleanor Roosevelt ...... 78 ◀
1884-1962 EUA
▶ Katharine Hepburn

▼
Chien-Shiung Wu 84
1912-1997 EUA (n. China)

▶ Lise Meitner 86
1878-1968 Suécia (n. Áustria)
▶ Marie Curie
▶ Leonora Carrington
▶ Claude Cahun
▶ Elsa Schiaparelli

▶ Greta Garbo 90
1905-1990 EUA (n. Suécia)
▶ Katharine Hepburn

Sumário

Édith Piaf .... 16 ▶
1915-1963 França
- Josephine Baker
- Colette
- Isadora Duncan

Patti Smith .... 18 ▶
1946- EUA
- Nina Simone
- Frida Kahlo
- Katharine Hepburn

Meryl Streep .... 20 ▼
1949- EUA
- Virginia Woolf

Louise Michel .... 26 ◀
1830-1905 França
- Gertrude Stein
- Marie Marvingt

Sylvia Pankhurst .... 24 ◀
1882-1960 Reino Unido
- George Eliot

Emmeline Pankhurst .... 22 ◀
1858-1928 Reino Unido
- Louise Michel
- Harriet Beecher Stowe

Florence Nightingale .... 42 ▶
1820-1910 Reino Unido (n. Itália)
- Elizabeth Garrett Anderson

Elizabeth Blackwell .... 44 ▶
1821-1910 EUA (n. Reino Unido)
- George Eliot
- Elizabeth Garrett Anderson

Susan B. Anthony ...... 46 ▼
1820-1906 EUA
- Sojourner Truth

Harriet Beecher Stowe ... 52 ◀
1811-1896 EUA
- Emmeline Pankhurst

Sojourner Truth .... 50 ◀
c. 1797-1883 EUA
- Susan B. Anthony
- Gloria Steinem

Harriet Tubman ...... 48 ◀
c. 1820-1913 EUA
- Rainha Vitória
- Oprah Winfrey

Joan Clarke .... 66 ▶
1917-1996 Reino Unido
- Ada Lovelace

Amy Johnson .... 68 ▶
1903-1941 Reino Unido
- Elsa Schiaparelli

Hélène Dutrieu .... 70 ▼
1877-1961 Bélgica

Amelia Earhart .... 76 ◀
1897-1937 EUA
- Elsa Schiaparelli
- Katharine Hepburn

Maryse Hilsz .... 74 ◀
1903-1946 França
- Josephine Baker
- Audrey Hepburn
- Anne Frank

Marie Marvingt .... 72 ◀
1875-1963 França
- Florence Nightingale
- Josephine Baker

Mercedes de Acosta .... 92 ▶
1893-1968 EUA
- Dorothy Parker
- Gertrude Stein

Isadora Duncan .... 94 ▶
1877-1927 EUA
- Tamara Rojo

Gertrude Stein .... 96 ▶
1874-1946 EUA
- Coco Chanel
- Sylvia Beach
- Josephine Baker
- Claude Cahun
- Elsa Schiaparelli
- Colette
- Georgia O'Keeffe

Sylvia Beach 100
1887-1962 França (n. EUA)
- Simone de Beauvoir

Claude Cahun 102
1894-1954 França
- Kati Horna

Gala Dalí 104
1894-1982 Espanha (n. Rússia)
- Leonora Carrington
- Coco Chanel

Maria Montessori 124
1870-1952 Itália
- Beyoncé

Indira Gandhi 122
1917-1984 Índia
- Mahalia Jackson

Iris Murdoch 120
1919-1999 Irlanda
- Chimamanda Ngozi Adichie

Anne Frank 126
1929-1945 Holanda (n. Alemanha)
- Audrey Hepburn

Malala Yousafzai 128
1997- Paquistão
- Meryl Streep
- Emma Watson

Michelle Obama 132
1964- EUA
- Meryl Streep
- Beyoncé
- Nichelle Nichols
- Billie Jean King
- Gloria Steinem
- Emma Watson

Bessie Coleman 152
1892-1926 EUA
- Beyoncé

Mae Jemison 150
1956- EUA
- Michelle Obama
- Beyoncé

Nichelle Nichols 148
1932- EUA
- Josephine Baker

Mahalia Jackson 154
1911-1972 EUA
- Indira Gandhi

Nina Simone 156
1933-2003 EUA
- Patti Smith
- Josephine Baker

Angela Davis 158
1944- EUA
- Sylvia Pankhurst

Frida Kahlo 178
1907-1954 México
- Josephine Baker
- Elsa Schiaparelli

Georgia O'Keeffe 176
1887-1986 EUA
- Gertrude Stein

Virginia Woolf 174
1882-941 Reino Unido
- George Eliot
- Angela Carter

Tamara Rojo 182
1974- Espanha (n. Canadá)
- Isadora Duncan

Pina Bausch 183
1940-2009 Alemanha
- Isadora Duncan

Angela Carter 184
1940-1992 Reino Unido
- Iris Murdoch

Elsa Schiaparelli .... 106 ▶ Miuccia Prada .... 108 ▶ Jil Sander .... 110 ▼
1890-1973 Itália   1949- Itália   1943- Alemanha
▶ Greta Garbo   ▶ Coco Chanel

Simone de Beauvoir .... 116 ◀ Colette .... 114 ◀ Coco Chanel .... 112 ◀
1908-1986 França   1873-1954 França   1883-1971 França
▶ Indira Gandhi   ▶ Gertrude Stein   ▶ Elsa Schiaparelli
▶ Sylvia Beach   ▶ Audrey Hepburn
▶ Marie Curie
▶ Gertrude Stein
▶ Isadora Duncan

Chimamanda Ngozi   ▶ Beyoncé .... 138 ▶ Josephine Baker ...... 140 ▼
Adichie 136   1981- EUA   1906-1975 França (n. EUA)
1977- Nigéria   ▶ Nina Simone   ▶ Mahalia Jackson
▶ Emma Watson   ▶ Angela Davis
▶ Misty Copeland

Dorothy Parker .... 146 ◀ Maeve Brennan .... 144 ◀ Audrey Hepburn .... 142 ◀
1893-1967 EUA   1917-1993 EUA (n. Irlanda)   1929-1993 Reino Unido (n. Bélgica)
▶ Mercedes de Acosta   ▶ Virginia Woolf   ▶ Colette

Gloria Steinem .... 160 ◀ Billie Jean King .... 162 ▶ Oprah Winfrey .... 164 ▼
1934- EUA   1943- EUA   1954- EUA
▶ Sojourner Truth   ▶ Eleanor Roosevelt   ▶ Billie Jean King   ▶ Misty Copeland
▶ Oprah Winfrey   ▶ Beyoncé   ▶ Mae Jemison
                                                                         ▶ Meryl Streep   ▶ Gloria Steinem

Alessandra Ferri .... 172 ◀ Misty Copeland .... 170 ◀ Emma Watson .... 168 ◀
1963- Itália   1982- EUA   1990- Reino Unido (n. França)
▶ Colette   ▶ Oprah Winfrey   ▶ Chimamanda Ngozi Adichie
                                    ▶ Chimamanda Ngozi Adichie   ▶ Gloria Steinem

Leonora Carrington .... 186 ◀ Remedios Varo .... 188 ▶ Kati Horna........... 190
1917-2011 México (n. Reino Unido)   1908-1963 México (n. Espanha)   1912-2000 México (n. Hungria)
▶ Kati Horna   ▶ Claude Cahun
▶ Gala Dalí

AGRADECIMENTOS 192

Prefácio

PENSO EM minha avó toda vez que estou lavando roupa. Após dar conta de uma grande pilha de peças — lavando à mão, claro, para depois torcer; era assim que funcionava o "serviço de casa" à moda antiga —, ela desvirava todas as meias do marido, pendurava-as no varal e então, quando secas, juntava os pares cuidadosamente para guardá-las na gaveta. Ela ainda passava a ferro as cuecas dele e também guardava tudo.

Minha mãe tinha lavadora de roupas, ensinou meu pai a desvestir as meias, de modo que elas ficassem já do lado direito, e não passava a ferro as cuecas dele, mas em todos os outros aspectos o processo manteve-se o mesmo.

Eu lavo a roupa do meu marido, mas suas meias ficam do jeito que ele as tirar, e, caso as queira emparelhadas, ou as cuecas passadinhas, que ele mesmo se encarregue de fazê-lo (mas não faz).

É essa sutil conexão pessoal com minhas antepassadas que me faz lembrar — ao menos uma vez a cada duas semanas (não consigo deixar em dia a roupa para lavar porque, afinal, tenho um emprego em tempo integral e um filho) —, de minha microperspectiva, quanto as mulheres progrediram e quanto ainda resta fazer.

Conexões são importantes. Às vezes elas nos limitam e enfraquecem; às vezes nos oferecem apoio e nos libertam. "Nenhum homem é uma ilha", escreveu John Donne, querendo dizer que ninguém pode sobreviver, e muito menos prosperar, sozinho.

Ainda assim, foi justamente isso que as mulheres precisaram fazer, e têm feito, ao longo da história, ao menos em comparação com os homens. Os homens sempre estiveram conectados. Sempre estiveram fora de casa, conhecendo pessoas nas esferas pública e profissional, assim como na vida privada. Suas histórias, ideias, teorias, conquistas, antepassados, ídolos, professores e inspirações sempre foram enaltecidos, registrados e conhecidos por todos.

As mulheres tradicionalmente se movimentavam em esferas mais restritas. Seus relatos, ideias, conquistas e tudo mais foram com muito menos frequência considerados dignos de registro nos anais da história. O resultado disso foi nosso isolamento — discreto, mas efetivo — de nossas contemporâneas e antepassadas. A identificação por Betty Friedan do "problema que não tem nome" simboliza algo que tem se repetido de maneiras diferentes desde tempos imemoriais; ela descreveu o desespero inconfesso e esmorecido (muitas vezes graças à ação de remédios) das mulheres sentadas sozinhas em seus lares maritais bem equipados, perguntando-se por que ainda assim se sentiam tão insatisfeitas e decepcionadas com uma vida que supostamente lhes supriria todas as necessidades. Seu livro *Mística feminina* tornou-se um *best-seller* e um clássico longevo porque conectou todas essas mulheres, e a obra ainda desempenha esse papel até hoje. Nos anos 1970, mulheres se reuniam para trabalhar na então chamada "conscientização", em que se buscava inteirá-las de tudo o que tinham em comum e também dos inimigos que compartilhavam. A iniciativa equivalente mais moderna e talvez até mais poderosa é The Everyday Sexism Project [O Projeto do Sexismo Cotidiano], de Laura Bates, que proporciona, via Twitter, um espaço on-line em que mulheres podem registrar experiências, grandes ou pequenas, de assédio sexual, agressão ou tratamento que de alguma forma fazem com que se sintam humilhadas, inseguras, ansiosas ou até mesmo inferiorizadas.

Quanto mais conectadas estamos, quanto mais conectadas nos tornamos, tanto com nosso próprio tempo como com nosso passado coletivo, nos sentimos menos sozinhas. A experiência individual torna-se válida e parte identificável de um padrão que não pode ser ignorado ou dispensado por aqueles que gostariam de fazê-lo. E, uma vez que estamos conscientes umas das outras e do imenso apoio que encontramos por aí, maior é a força concentrada para tomarmos uma atitude.

Mas tão importante quanto se conectar com o passado é criar vínculos com nossas contemporâneas. Porque — com exceção da clara injustiça em relação àquelas cujas conquistas são simplesmente apagadas dos registros —, quando as mulheres são excluídas da história, não apenas somos destituídas de todas as coisas que perdemos quando estamos isoladas de nossas contemporâneas, como também somos obrigadas a reinventar a roda reiteradamente. A primeira, a segunda, a terceira e a quarta ondas do feminismo tiveram de retornar a antigos terrenos antes de conquistar algo novo, porque o trabalho de toda predecessora precisou lidar com tentativas orquestradas de ridicularizá-lo, marginalizá-lo e suprimi-lo. Quanta energia foi desperdiçada ao longo dos anos porque ninguém nos disse que tal problema já havia sido enfrentado antes, as soluções buscadas, o que funcionou e o que deu errado?

A melhor coisa de hoje é vivermos em uma época em que nunca foi tão fácil fazer a voz feminina ser ouvida. A internet tem muitos — muitos, muitos, muitos — defeitos, mas ainda é possível usá-la para reunir-se em grandes números on-line e (como os protestos anti-Trump, a campanha Black Lives Matter [A Vida de Negros Importa] e outros tantos movimentos) também na vida real. A história não é mais escrita apenas pelos vencedores. O registro não é singular, homogêneo ou inscrito em rochas. E boa sorte para quem tentar apagar da história mulheres mundialmente famosas e reverenciadas como Malala Yousafzai, Beyoncé, Oprah Winfrey e Michelle Obama, pois não se consegue mais fazer isso. Gerações futuras serão capazes de estar no mundo como se sentadas sobre os ombros de gigantes, tal como os homens sempre fizeram. Vamos olhar adiante, mulheres, para apreciar essa vista maravilhosa e partir em sua direção, espalhando meias sujas e desemparelhadas pelo caminho.

Lucy Mangan, 2017

Introdução

POR TRÁS de toda grande mulher há... outra grande mulher. Nas páginas deste livro, você conhecerá algumas histórias incríveis — relatos de espiãs que escondiam segredos na calcinha, estrelas de cinema glamorosas que tinham uma vida paralela na qual inventaram os elementos primordiais do Wi-Fi, sufragistas que cumpriram tempo na cadeia e foram alimentadas à força e ex-escravas que levaram milhares de outras à liberdade. Você também vai descobrir que essas mulheres raramente agiam sozinhas — elas tinham o apoio de amigas, fãs e mentoras ou foram inspiradas por suas precursoras.

As conexões entre essas mulheres fantásticas, por vezes, são íntimas — melhores amigas, colegas de trabalho, amantes — ou nem tanto: elas podem ter compartilhado influências, participado do mesmo movimento ou ganhado o mesmo prêmio. Tentei o máximo possível evitar conexões estabelecidas graças a relacionamentos amorosos com homens — as histórias, aqui, são mesmo sobre nossas irmãs.

Incluí alguns nomes familiares. Provavelmente você já conhece Indira Gandhi, Eleanor Roosevelt ou a rainha Vitória, mas talvez não saiba como elas estão relacionadas, ou seja, que a escritora Iris Murdoch reconfortou uma saudosa Indira no internato no qual estudavam, que a certinha Eleanor Roosevelt embarcou em viagens muito loucas vestida em roupas de gala com Amelia Earhart ou que a rainha Vitória teve um encontro clandestino com a escritora abolicionista Harriet Beecher Stowe.

Há outros nomes mais obscuros — mulheres que levaram vidas inacreditáveis. É uma honra trazer a lume aquelas cujas histórias são menos conhecidas. Adorei desvendar a trajetória da artista Claude Cahun, que confundia as fronteiras de gênero, brincava com arte conceitual e escapou por pouco de ser executada pelos nazistas. Ou Maeve Brennan, a beberrona e afiada jornalista que foi imortalizada como Holly Golightly em *Bonequinha de luxo*. Ao mesmo tempo, os serenos, mas incisivos, retratos de mulheres e crianças feitos por Kati Horna durante a Guerra Civil Espanhola igualam ou superam em qualidade as mais exuberantes imagens do mesmo conflito capturadas na frente de batalha por seu namorado, Robert Capa.

Estabelecemos alguns parâmetros: essas mulheres atingiram o auge a partir do século XIX e obviamente deveriam ter alguma interação documentada com outras mulheres. Adoraria ter incluído a pirata chinesa Ching Shih ou a caçadora norueguesa Wanny Woldstad, mas o estilo de vida solitário delas dificultou a descoberta de conexões com outras mulheres.

Durante minha pesquisa, encontrei mulheres cujas conquistas foram obliteradas ou no mínimo desmerecidas por colegas ou familiares. Fanny Mendelssohn talvez tivesse sido enaltecida como uma grande compositora muito antes se o irmão não tivesse assumido a autoria de suas obras, e Lise Meitner poderia ter ganhado um Nobel caso seu chefe na Suécia tivesse ignorado seu gênero e valorizado seu conhecimento.

Tive dificuldade em escrever alguns capítulos. Apesar de já ter lido a história de Anne Frank inúmeras vezes, ainda a acho muito comovente, e foi muito complicado digitar entre lágrimas. Outros casos foram esclarecedores: o apetite sexual voraz e sem arrependimentos de Mercedes de Acosta e Colette me surpreendeu.

As ilustrações vibrantes e originais de Sarah Papworth refletem as histórias dessas mulheres, trazendo cada uma delas à vida. Sarah tem um talento incrível para fazer um relato tomar forma fora das páginas, e cada uma de suas imagens tece uma representação não apenas da mulher sobre a qual você está lendo, mas também de como ela se posicionava no mundo.

Trabalhei sob a influência de uma trilha sonora produzida por mulheres. A performance de Nina Simone ainda tem o poder de abalar as estruturas. Patti Smith mantém-se como uma inspiração para artistas do mundo todo, e a voz de Mahalia Jackson levanta o ânimo em segundos. Ouça minha *playlist* no Spotify: tiny.cc/connectedwomen.

A comunidade de mulheres é vasta, e o conceito de seis graus de separação amplifica as conexões numa extensão que um único livro não consegue abarcar. Infelizmente, mas também de maneira inevitável, não houve espaço para incluir todas as personalidades que eu gostaria. Não estão aqui Delia Derbyshire, a banda Pussy Riot ou Björk. Nem Vita Sackville-West, Tavi Gevinson, Vivian Maier ou Patty Hearst. Senti falta de Alexandrine Tinné e não consegui inserir nem Marie Laveau nem, para minha grande tristeza, Lisa Simpson. Porém, as histórias das mulheres que aqui estão me impressionaram, inspiraram e emocionaram. Espero que tenham o mesmo efeito sobre você.

Kate Hodges, 2017

Suas cartas de amor foram usadas em *Del amor* [Do amor], com ilustrações de

LEONORA CARRINGTON

MANUELA SÁENZ viveu movida por uma combinação de paixão e convicção política. Filha ilegítima de um aristocrata espanhol, ela nasceu em Quito, Equador, e, com a morte da mãe, foi aceita e criada pela família constituída do pai. Manuela recebeu todos os cuidados, estudou em um convento e, após se apaixonar por um oficial do exército, foi "protegida" por um casamento arranjado com um mercador inglês rico, e muito mais velho, James Thorne, que era repugnante, mas ao menos lhe deu segurança financeira.

Eles se mudaram para o Peru, onde viveram como aristocratas, abrigando líderes políticos e figurões militares. Manuela manteve os ouvidos atentos, absorvendo segredos que escapavam de lábios incautos. A revolução fermentava, e ela se tornou uma radical, apoiando os rebeldes que desejavam liberdade da Espanha, país que havia colonizado extensas áreas das Américas do Sul e Central no século XVI. Ousada, Manuela desafiou as convenções e abandonou o marido para retornar a Quito.

Foi ali que, em 1822, ela conheceu Simón Bolívar, ou "El Libertador", o revolucionário que livrou grande parte da América do Sul do jugo espanhol. O casal se conectou de imediato, tanto na esfera romântica quanto na política. Manuela trabalhou incansavelmente como espiã, protestou pelos direitos das mulheres, organizou tropas e tratou dos feridos.

Fiel a Bolívar até o fim, arriscou a própria vida para salvá-lo de uma tentativa de assassinato. Em troca, ele a intitulou como a "Libertadora do Libertador" [Dizeres da ilustração ao lado, em espanhol].

Após intensos oito anos juntos, Bolívar morreu de tuberculose logo antes de se retirar para a Europa. Manuela foi exilada e viajou para a Jamaica e o Peru. Apesar desse fim ignóbil para uma vida excepcional e tão pouco convencional, Sáenz deixou um legado valioso para a América do Sul. Em 2010, seus restos mortais simbólicos foram retirados de uma vala comum em Paita, Peru, e depositados ao lado das de Bolívar em Caracas, Venezuela.

No fim da vida, Manuela sobreviveu vendendo tabaco e traduzindo cartas para baleeiros norte-americanos (entre os quais, Herman Melville). Nesse período, o revolucionário Giuseppe Garibaldi embarcou para a América do Sul. Assim como Manuela, ele estava em luto por sua companheira de vida e de armas, Anita Garibaldi. Os paralelos entre a trajetória de Manuela e a de Giuseppe teriam feito com que se entendessem e se conectassem de pronto. O papel de Anita e Manuela na formação de nosso panorama geopolítico atual foi de início obscurecido pelas figuras masculinas, mas a dupla hoje é representativa da emancipação feminina em toda a América Latina, e sua participação na libertação da América do Sul do domínio espanhol não pode ser esquecida.

MANUELA SÁENZ

libertadora del libertador

ANITA GARIBALDI

Teve papel ativo em tempos de guerra, assim como

SOFIA KOVALEVSKAIA

ANNA JACLARD

LOUISE MICHEL

OUTRA GRANDE história de amor teve suas raízes nos movimentos políticos revolucionários do século XIX: Anita e Giuseppe Garibaldi lutaram ombro a ombro em grupos rebeldes sul-americanos e italianos.

Anita nasceu no Brasil em uma família pobre de fazendeiros e pescadores – uma formação difícil, mas que lhe rendeu excepcionais habilidades de equitação e grande bravura. Aos 14 anos, forçaram-na a se casar, mas logo depois ela abandonou o marido para se juntar ao exército.

Em 1839, conheceu Giuseppe Garibaldi enquanto ele combatia em um levante republicano que durou dez anos – a Guerra dos Farrapos, ou Revolução Farroupilha. Ele afirmava que suas primeiras palavras a ela haviam sido as sombriamente românticas e um tanto assustadoras: "Você precisa ser minha". Anita embarcou no navio dele, o *Rio Pardo*, e desde então permaneceu a seu lado.

Anita ensinou a Giuseppe a arte da equitação, também o estilo de vida gaúcho, e eles lutavam juntos nos conflitos – com mosquetes, guardando as munições e cuidando dos feridos. Durante a Batalha de Curitibanos, em 1840, Anita, grávida, foi separada de Giuseppe e capturada, mas escapou a galope com um cavalo de acampamento. Quando o cavalo foi atingido por um tiro, ela pulou no rio Canoas e então passou quatro dias caminhando sem comida pelas matas. Por fim se reencontrou com o companheiro.

A gravidez não diminuiu o ritmo de Anita – aos oito meses de gestação ela comandava a cavalaria na Batalha de São José do Norte. Ao todo, teve quatro filhos. Anita e Giuseppe mudaram-se para Montevidéu, no Uruguai, e casaram-se em 1842.

Mas haveria mais guerra. Os Garibaldi retornaram para a Itália para combater o Império Austríaco, em uma série de batalhas que resultou em cerco e doenças. Grávida e com malária, Anita não resistiu e morreu. Giuseppe ficou arrasado. Onze anos depois ele ainda usava o lenço listrado de Anita ao cavalgar pela Itália unificada saudando o rei Vitório Emanuele II.

A vida de Anita combinou paixão intensa com muita aventura, e uma adaptação de sua história para o cinema era inevitável. Em 1952, Goffredo Alessandrini e Francesco Rosi dirigiram *Anita Garibaldi*, e a mulher escolhida para interpretar essa agitadora tempestuosa e valente foi a atriz conhecida como "la lupa", ou "a loba": Anna Magnani.

UMA EXPRESSIVA, despudorada e talentosa atriz com temperamento intempestivo, Anna Magnani era a "vulcânica mãe terra de todo o cinema italiano". Nascida de mãe egípcia e pai italiano, Anna cresceu em uma área pobre de Roma e estudou em um convento francês. Assistindo a peças natalinas interpretadas pelas freiras, decidiu ser atriz e, ao sair do colégio, matriculou-se na escola de artes dramáticas.

Mas foi nas perigosas ruas da cidade que Anna realmente afiou suas habilidades como intérprete. Ela fazia parte de trupes e cantava em casas noturnas e cabarés para se sustentar. Anna não exibia a beleza padrão do cinema: os cabelos eram selvagens e despenteados, os olhos profundos, marcados por olheiras, e sua constituição física era mais robusta que esbelta. Porém, aquele olhar sisudo fascinava, cada gesto e virada sobre os calcanhares emanavam atitude, e seu magnetismo sensual transbordava da tela.

Em 1933, ela se casou com Goffredo Alessandrini, que a escalara em *A cega de Sorrento*. Anna aceitou papéis menores para devotar mais tempo ao casamento, mas se separou de Goffredo depois de sete anos. Após um breve caso amoroso, deu à luz um menino, Luca, que perdeu o movimento das pernas após um surto de poliomielite. Anna resolveu ganhar dinheiro suficiente para "protegê-lo para sempre de qualquer necessidade".

Em 1945, conheceu Roberto Rossellini, com quem teve um tempestuoso relacionamento profissional e sexual. Ela disse uma vez: "Mulheres como eu só se submetem a homens capazes de dominá-las, e eu nunca encontrei alguém capaz de me dominar". Apesar de Rossellini ter tentado, após muita turbulência, o casal se separou.

Em 1951, a atuação impecável de Anna em *Belíssima* a levou ao estrelato. Na sequência, ela trabalhou com alguns dos mais talentosos diretores do mundo. O escritor Tennessee Williams concebeu *A rosa tatuada* pensando especificamente nela para o papel de Serafina, pelo qual Anna ganhou um Oscar.

A voz desalentada de Anna Magnani e sua genuína empatia por aqueles que passavam a vida em ruelas sujas e pórticos enfumaçados renderam-lhe o apelido de "Piaf Italiana". Tanto Anna Magnani quanto Édith Piaf incorporavam algo do espírito e do caráter do próprio país de origem em suas atuações e ao longo da vida — expressivas, emotivas e destemidas.

MERYL STREEP foi diretamente inspirada pelas interpretações de Anna

Anna Magnani

ÉDITH PIAF

ISADORA DUNCAN

JOSEPHINE BAKER

COLETTE

Apresentou-se no restaurante parisiense La Coupole, assim como estão sepultadas no cemitério Père Lachaise, como Édith

ÉDITH PIAF é conhecida por suas canções arrebatadoras. A imagem dela entoando "La vie en rose" ou "Non, je ne regrette rien" está profundamente arraigada na cultura francesa — a vida exuberante, as experiências fantásticas e as emoções que marcam cada nota.

Apesar de os relatos sobre a infância de Édith nem sempre serem confiáveis, certamente eles compõem uma história maravilhosa. Batizada com o nome da enfermeira britânica executada pelos alemães na Primeira Guerra, Edith Cavell, Édith Gassion (a alcunha "Piaf", ou "Cotovia", veio depois) nasceu literalmente na rua (ou era o que ela gostava de afirmar). Cresceu cercada por personalidades extraordinárias — a avó era dona de um bordel, o pai e o avô, acrobatas de rua, e a mãe cantava em cafés.

Adolescente, Édith apresentava-se ao lado do habilidoso pai, cantando em uma voz, de acordo com ele, alta o suficiente para "abafar o rugido de leões". Aos 17 anos, teve uma filha, Marcelle, que morreu de meningite aos 2 anos de idade.

Édith foi notada por Louis Leplée, proprietário de casas noturnas, que a vestiu de preto e selecionou um repertório de canções sobre desilusões amorosas, sofrimento e paixão. Ela embarcou impetuosamente em uma carreira de gravações. Leplée, porém, foi assassinado, e ela foi considerada suspeita. Para limpar sua reputação, mudou o nome para Piaf, participou da peça *Le bel indifférent* [O belo indiferente], de Jean Cocteau, e investiu na carreira de cantora.

Logo se tornou a artista mais famosa da França. Vieram as turnês pela Europa e duas apresentações de destaque no Carnegie Hall, nos Estados Unidos. Mas dois acidentes de carro e anos de muita bebida e medicamentos tiveram um preço. Édith morreu em 1963 e foi sepultada em Paris, no célebre cemitério Père Lachaise. Um enterro católico lhe foi negado à época, mas em 2013 a Igreja Católica Romana concedeu-lhe uma missa memorial. A mulher que um dia disse "tudo que fiz na vida foi desobedecer" finalmente havia sido aceita pelo sistema.

Édith influenciou muitos músicos e artistas, de Elton John a Marianne Faithfull e Lady Gaga. Uma de suas maiores fãs é Patti Smith. Francófila assumida e ansiosa para se tornar uma musa, Patti se inspirou na biografia de Piaf, dizendo: "[Ela] realmente curtia [seus] homens e batalhava por eles". Quando Patti foi morar com Robert Mapplethorpe, uma das primeiras coisas que fez foi afixar uma foto de Édith em sua "mesa improvisada". Mais tarde na carreira, ela cantaria as músicas da "Cotovia" no palco.

FRIDA KAHLO

Muito influenciada por

NINA SIMONE

Grande fã de

KATHARINE HEPBURN

Ganhou a Medalha Katharine Hepburn da Bryn Mawr Col...

PATTI SMITH é o ponto em que convergem com precisão rebeldia, poesia, arte e *rock and roll*.

Ela nasceu em uma família profundamente religiosa em Chicago, Illinois, mas na adolescência rejeitou a igreja e começou a ouvir os álbuns de Bob Dylan. Após a faculdade, mudou-se para Manhattan, Nova York, onde conheceu o fotógrafo Robert Mapplethorpe, por quem se apaixonou. Patti tornou-se parceira e musa dele, e o casal passou a criar arte. Ele era um fotógrafo talentoso, enquanto Patti escrevia e declamava poemas, pintava, trabalhava como jornalista e participava de peças como *Cowboy mouth* [Boca de cowboy], a qual escreveu com Sam Shepard. Mapplethorpe acabou se descobrindo homossexual, mas os dois continuaram parceiros na arte e melhores amigos.

Em 1974, Patti divulgou um *single* com uma banda sob o nome de Patti Smith Group; eles conseguiram um contrato e lançaram o primeiro álbum, *Horses*, no ano seguinte.

A banda surfou na onda punk de Nova York, onde contemporâneos como Ramones e Blondie surgiam de clubes *underground* como CBGB e Max's Kansas City direto para o foco da cena internacional. No fim dos anos 1970, Patti conheceu Fred "Sonic" Smith, da banda protopunk MC5, e eles se casaram e tiveram dois filhos. Patti diminuiu o ritmo da carreira musical por mais de uma década, lançando um único álbum em 1988. O início dos anos 1990 foi uma época difícil para Patti, com a morte de Fred pouco antes da de seu irmão, Todd, mas ela se recuperou e retomou a carreira de cantora.

A arte de Patti sempre foi política, mas nessa nova etapa ela foi mais radical do que nunca. Exibiu fotografias, publicou livros, fez a curadoria de festivais e recebeu incontáveis honrarias. Uma polímata punk, Patti se mantém como uma inspiração até hoje.

No início da carreira, Patti acreditava que seria atriz e atuou em várias peças de vanguarda. Ela disse um dia que "sempre sonhara em participar de *Mãe Coragem e seus filhos*". Porém, mudou de ideia após assistir por duas vezes a uma garota de Nova Jersey, Meryl Streep, interpretar o papel no Central Park. Patti declarou "não conseguir acreditar em como ela era fantástica. A força que tinha, mas também seu movimento, a linguagem corporal". Em troca, Meryl prestou tributo a Patti, afirmando vê-la como uma alma gêmea e que "teria sido muito feliz em ser Patti Smith".

PATTI SMITH

TALVEZ ELA deteste a descrição, mas Meryl Streep, vencedora de muitos Oscars e Globos de Ouro (a intérprete com mais indicações da história), é "a melhor atriz de sua geração".

Meryl começou sua trajetória nas peças do colégio e seguiu os estudos dramáticos em Yale. Fez fama nos palcos de Nova York, em obras de Shakespeare e musicais, mas foi inspirada pela atuação sombria e intensa de Robert De Niro em *Taxi Driver* que decidiu investir no cinema.

A inteligência e a autoconfiança afiadas são a base do sucesso de Meryl. Segundo ela, o teste para seu papel de estreia em *Kramer vs. Kramer*, em 1979, consistiu em apontar os defeitos do roteiro para Dustin Hoffman e os produtores — eles permitiram que ela o reescrevesse e improvisasse em sua atuação.

Os anos 1980 viram Meryl ascender impetuosamente, com papéis protagonistas em *A mulher do tenente francês*, *Silkwood: o retrato de uma coragem* e *Entre dois amores*. Apesar da guinada para interpretações mais leves nos anos 1990, sua carreira nunca oscilou.

Os papéis de Meryl são bastante contrastantes: ela aparece em *Adaptação*, *O diabo veste Prada*, *A dama de ferro* e no grande sucesso comercial *Mamma mia!*. Foi enaltecida com inúmeros prêmios, mas nunca perdeu o foco. Já descreveu a si mesma como ideologicamente "de esquerda" e, ao receber o prêmio pelo conjunto da obra durante a cerimônia do Globo de Ouro de 2017, fez um discurso anti-Donald Trump, dizendo, sob aplausos entusiásticos, que, "quando os poderosos usam seu poder para intimidar, todos nós perdemos".

Algumas das atuações mais impecáveis e poderosas de Meryl retrataram mulheres da vida real: Margaret Thatcher, Julia Child, Karen Silkwood e, em *As sufragistas*, Emmeline Pankhurst. Ela faz uma

Meryl

aparição breve, mas que impactou todo o filme. Meryl explicou que a gravação de sua cena principal – um discurso de Emmeline de uma sacada – a afetou profundamente: "Estar ali na sacada e observar aqueles jovens rostos animados e esperançosos me fez chorar. Não conseguia superar isso. Buscamos a esperança na geração seguinte". A bisneta de Emmeline aprovou a escalação de Meryl, dizendo: "Que maravilhoso é ver Meryl Streep, ela mesma uma feminista convicta (a quem, tenho certeza, Emmeline teria adorado) e uma mulher que não tem medo de se declarar contra o machismo em Hollywood e de interpretar o papel de minha bisavó – um ícone feminista histórico, se é que um dia existiu um".

VIRGINIA WOOLF

escreveu *Mrs. Dalloway* e inspirou *As horas*, no qual Meryl interpreta Clarissa Vaughan

Streep

EMMELINE PANKHURST

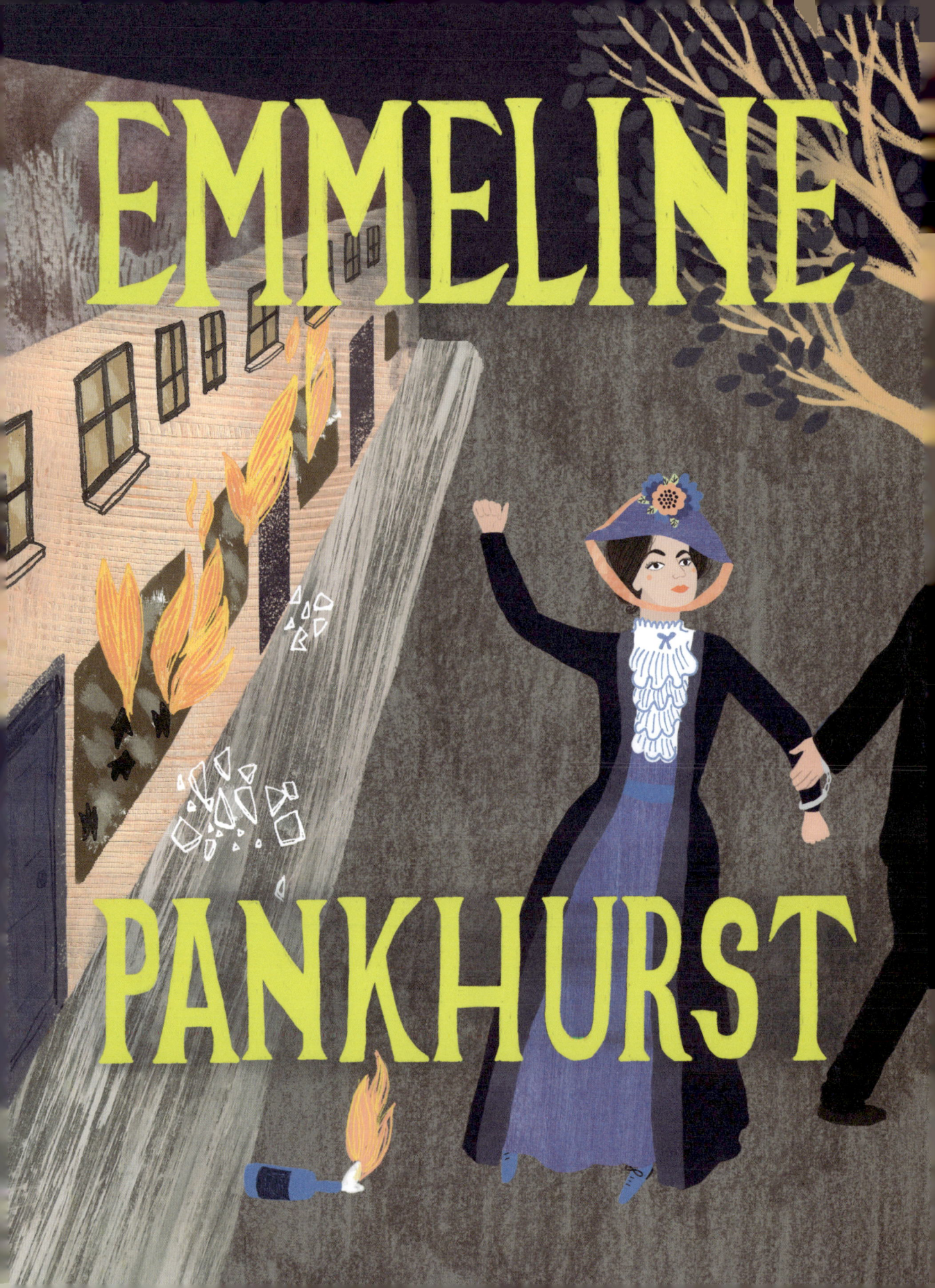

LOUISE MICHEL

foi acolhida e hospedada em sua casa

Sua família apoiou o movimento abolicionista norte-americano, assim como

HARRIET BEECHER STOWE

DESCARADAMENTE MILITANTE, corajosa e uma mulher de princípios, Emmeline (Emily) Pankhurst lutou intensamente pelo direito de voto para as britânicas, quebrando regras e destruindo estereótipos em sua trajetória.

Nascida em Manchester, em uma família imersa na política radical (ela participou pela primeira vez de uma reunião sufragista aos 14 anos), Emmeline Goulden casou-se com Richard Pankhurst, que era 24 anos mais velho e uma referência do movimento sufragista feminino. Eles tiveram cinco filhos, mas Richard continuava encorajando Emily a manter a atividade em seu trabalho social fora de casa. Em 1889, eles fundaram a Women's Franchise League [Liga pelo Direito ao Voto Feminino], com o objetivo de conquistar o direito ao voto para as mulheres.

Richard morreu em 1898, e em 1903 Emily estabeleceu o Women's Social and Political Union [Sindicato Político e Social Feminino] (WSPU), sindicato apenas para mulheres e voltado à ação. Inicialmente o órgão apenas organizava comícios, petições e a publicação de informativos, mas depois passou a usar métodos radicais de protesto — incêndios criminosos, janelas quebradas, tumultos e agressões a policiais — para se fazer ouvir. Emily acreditava que a importância de seus objetivos justificava os meios, dizendo: "Ações, não palavras".

A ação do WSPU intensificou-se após uma marcha de 500 mil pessoas no Hyde Park não produzir, aparentemente, efeito algum no governo. Mulheres que eram repetidamente presas, incluindo Emily, encetaram greves de fome angustiantes e eram alimentadas à força. Alguns membros do grupo se separaram para formar organizações mais moderadas, mas Emily continuou em seu estilo linha-dura.

Durante a Primeira Guerra Mundial, Emily pausou a atividade do WSPU e concentrou-se no esforço de guerra. Em seguida ao armistício, o Ato de Representação do Povo de 1918 concedeu o direito ao voto para mulheres acima dos 30 anos. Após a guerra, Emily sossegou e inclusive, para a surpresa de muitos, aderiu ao Partido Conservador. Enfraquecida por uma vida de campanhas, prisões e greves de fome, ela morreu em 1928, no mesmo ano em que toda mulher acima dos 21 anos passou a ter o direito de votar.

Emily Pankhurst tinha uma relação próxima, mas complexa, com os filhos, particularmente com as meninas. Christabel, Adela e Sylvia estavam envolvidas no movimento, porém havia alguma tensão entre elas e Emily quanto ao nível de violência que as sufragistas deveriam usar. Adela e Sylvia abandonaram o WSPU em 1913. Adela (por insistência da mãe) emigrou para a Austrália, enquanto Sylvia se tornou socialista. Nenhuma das filhas compartilhava o entusiasmo da mãe pela guerra — eram pacifistas —, e quando, após um longo distanciamento, Sylvia reencontrou a mãe, em 1925, houve hostilidade. Acredita-se que o fato de Sylvia ter tido um filho fora do casamento no fim de 1927 teria contribuído para o estresse que causou a morte de Emily.

SYLVIA PANKHURST nunca sentiu a necessidade de se enquadrar. Tinha uma forte veia artística e estudou na Manchester School of Art e no Royal College of Art, em Londres. Essa formação possibilitou que ela desenhasse logotipos, bandeiras e cartazes para a organização de sua mãe, o WSPU, para o qual começou a trabalhar em período integral em 1906. Sylvia foi presa e alimentada à força mais do que qualquer outra sufragista. O "Ato do Gato e Rato" — lei do governo britânico que permitia que prisioneiros em greve de fome fossem libertados e, assim que sua saúde se recuperasse, presos novamente — fez com que fosse continuamente solta e reencarcerada.

Sylvia era mais ligada a partidos políticos que a mãe. Socialista, era amiga íntima de Keir Hardie, do Partido Trabalhista, e quando foi expulsa do WSPU, em 1913, fundou a East London Federation of Suffragettes [Federação das Sufragistas do Leste de Londres], que mais tarde se transformaria na Workers' Socialist Federation [Federação de Trabalhadores Socialistas].

Sylvia acreditava no sufrágio universal e, quando viu que a campanha das sufragistas britânicas aparentemente seria bem-sucedida, direcionou sua atenção para os esforços de paz da Primeira Guerra Mundial, para seu jornal *Workers' Dreadnought* e os direitos de mães e filhos.

Perto do fim do conflito, ela conheceu Silvio Corio, um anarquista italiano, com quem foi morar e teve um filho, Richard, em 1927.

A paixão de Sylvia pela atividade política nunca diminuiu; ela fez campanhas mundo afora em prol dos direitos humanos e contra a opressão. Tornou-se aliada de Haile Selassie, imperador da Etiópia, eventualmente se mudando para lá a pedido dele, em 1956. Mesmo com mais idade, continuava sendo considerada perigosa. O MI5 monitorava sua correspondência e chegou a considerar planos de "fazer calar a problemática srta. Sylvia Pankhurst". Ela morreu em Adis Abeba e recebeu um funeral oficial, no qual Selassie a nomeou uma "etíope honorária".

Ser criada em um lar repleto de ativistas políticos moldou a jovem Sylvia. E não eram apenas seus familiares mais próximos — a mãe gostava de convidar outras mentes inspiradoras para sua casa. Uma dessas pessoas era Louise Michel, anarquista francesa ativa na Comuna de Paris. Sylvia a descreveu como "uma pequena senhora em um manto marrom, bastante magra, com olhos brilhantes e pele morena", mas ainda assim uma "tremenda heroína".

* Nas ilustrações: à esquerda, "Ações, não palavras"; à direita, "Voto para as mulheres" [em tradução livre].

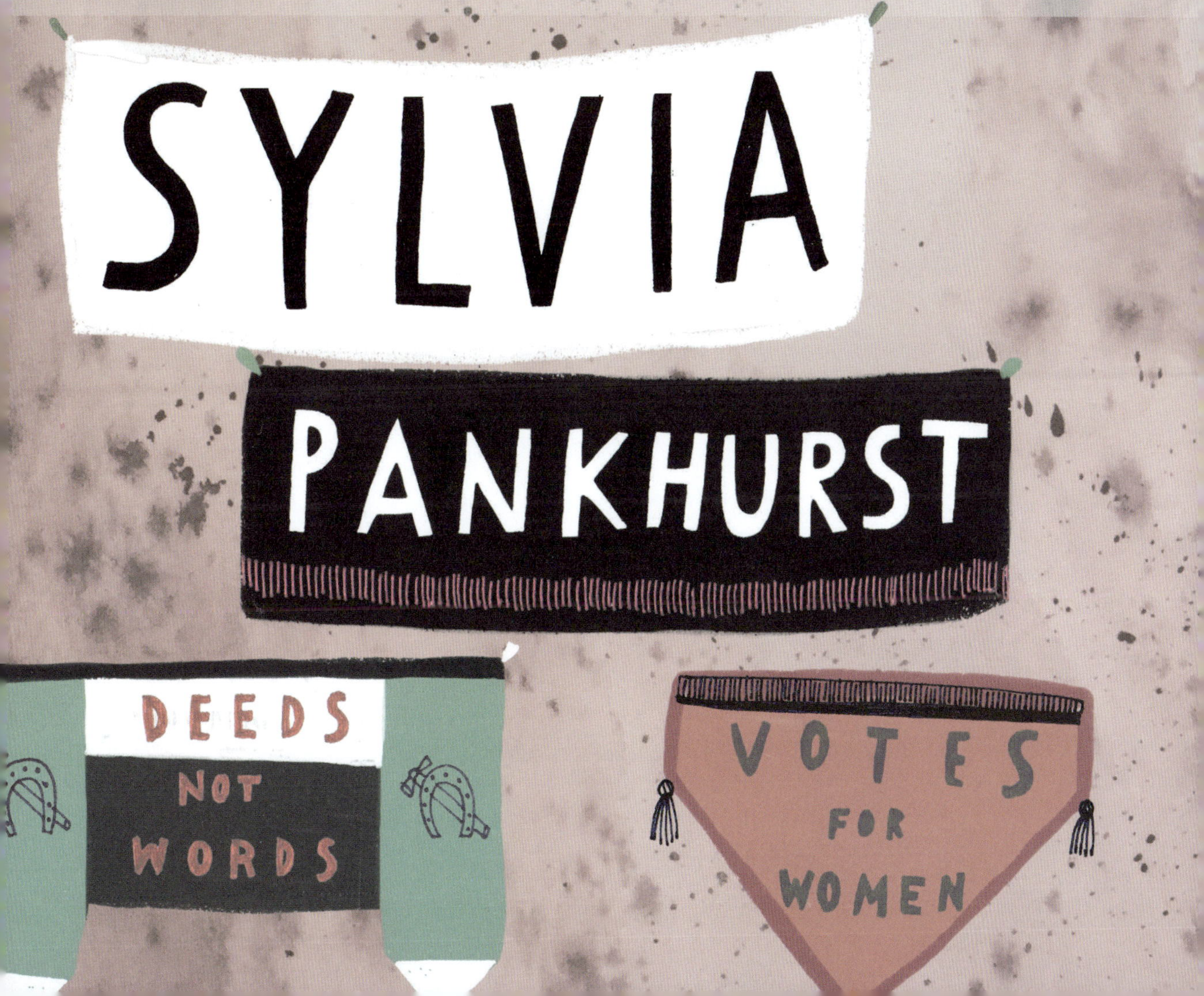

GEORGE ELIOT

morou na mesma rua em Londres, a Cheyne Walk

SYLVIA PANKHURST

DEEDS NOT WORDS

VOTES FOR WOMEN

Louise Michel

Trabalhou como motorista de ambulância, assim como

MARIE MARVINGT

GERTRUDE STEIN

ELA PODE parecer só mais uma vitoriana empertigada em fotos antigas e amassadas, mas Louise Michel era uma anarquista armada conhecida como "Loba Vermelha" e "Virgem Vermelha". Sua infância parece saída de um conto de fadas. Nascida ilegitimamente de uma camareira e o filho dos proprietários do castelo, foi criada "idilicamente" pelos abastados avós, mas, quando eles morreram, foi expulsa por sua madrasta malvada.

Sozinha, Louise viajou para Paris, onde escreveu poesia e tornou-se professora em Montmartre. Começou a frequentar reuniões políticas e tomou um rumo fortemente antissistema.

Em 1871, a Guarda Nacional tirou vantagem das turbulentas consequências políticas da Guerra Franco-Prussiana e estabeleceu a Comuna de Paris, um governo revolucionário que liderou a cidade por dois meses e meio. Louise trabalhava como motorista de ambulância para a Comuna, onde recrutava prostitutas marginalizadas para o serviço. Também esteve nas barricadas, de arma em punho, usando uniforme masculino e botinas, cabelos esvoaçando ao vento.

Com um desprezo incauto pelo perigo, Louise segurava velas próximo a pilhas de armas inflamáveis para ameaçar desertores, bebia café enquanto lia Baudelaire em voz alta sob fogo cruzado e chegou a tocar um órgão de igreja para atrair a atenção do inimigo — o que muito irritou os companheiros de batalha. Ela enxergava até as mais sangrentas situações de modo romântico, mais tarde descrevendo o último levante dos defensores da Comuna no cemitério de Montmartre em floreados termos: "O ar límpido da noite torna-se doce com o perfume das flores, e as próprias tumbas parecem ganhar vida".

Após a queda da Comuna, Louise foi levada a julgamento, incitando a corte a condená-la à morte. Em vez disso, recebeu vinte meses de prisão e foi deportada para a Nova Caledônia, um arquipélago ao leste da Austrália. A vida ali não era tediosa — ela assumiu o lado dos locais na revolta contra os colonialistas franceses. Em 1880, após os defensores da Comuna serem anistiados, Louise retornou a Paris, onde fez discursos, e visitou Londres. A idade não a suavizou — em 1883 ela foi presa por liderar uma multidão que saqueou uma padaria. Louise bradou e rugiu até o fim, morrendo de pneumonia durante uma turnê de palestras em Marselha.

Lutando ao lado de Louise Michel estava Anna Jaclard, socialista e feminista russa que foi ativa na Comuna de Paris, enaltecida por Louise por sua coragem durante os últimos dias da insurreição. Anna e Louise foram ambas condenadas a trabalhos forçados na mesma colônia penal da Nova Caledônia, apesar de Anna ter conseguido escapar para Londres, evitando assim o encarceramento.

ANNA

PARIS →

JACLARD

Participou de frentes de batalha, assim como

LOUISE MICHEL

ESSA LIVRE-PENSADORA radical que não se eximia da ação nasceu na Rússia, em uma família que tinha parentesco distante com a realeza. Seu pai era um general aposentado, e, ao lado da irmã, Sofia, ela foi criada em um regime de leituras políticas. Conversas com dois niilistas locais a transformaram de uma criança mimada em uma jovem idealista. Anna secretamente publicou duas histórias na revista literária de Dostoiévski, a *Epoch*, e foi encontrá-lo em São Petersburgo. Ele ficou encantado e propôs casamento à moça, mas ela negou o pedido, argumentando: "Sua esposa deveria se dedicar a você completamente... E eu não posso fazer isso; quero eu mesma viver!". Apesar da rejeição, os dois continuaram amigos por toda a vida.

Anna deixou a Rússia em 1866 para estudar medicina em Genebra, Suíça. Entre os exilados radicais ela conheceu Victor Jaclard, anarquista francês, e o casal se juntou ao grupo da Primeira Internacional de Marx. Em 1867, casaram-se.

Anna e Victor mudaram-se para Paris e tornaram-se membros ativos da Comuna da cidade. Anna lutou ao lado de Louise Michel, Paule Mink e André Léo para estabelecer os direitos das mulheres, assim como escolas seculares, serviços de ambulância e cooperativas trabalhistas. Foi descrita pela secretária da embaixada russa em Paris

MANUELA SÁENZ

ANITA GARIBALDI

como uma "harpia" e uma *pétroleuse* (mulher que usa gasolina para incendiar prédios).

Os Jaclard conseguiram escapar da condenação após a queda da Comuna, viajando da Suíça para Londres, onde se abrigaram com Karl Marx. Em 1874, Anna, acompanhada de Victor, retornou à Rússia e assentou-se em uma vida mais tranquila como jornalista e eventualmente ajudava Dostoiévski em traduções para o francês. Acredita-se que ele se inspirou em Anna para criar a personagem Aglaya Epanchin de *O idiota*.

A vida de Anna era entrelaçada à de Sofia Kovalevskaia*, sua irmã, que era igualmente brilhante, mas cujo interesse estava na matemática.

As duas compartilhavam crenças profundas e passaram a juventude juntas — Sofia inclusive escutou Anna refutar o pedido de casamento de Dostoiévski. Apesar de eventualmente terem morado em locais diferentes na Europa, Sofia viajou para Paris a fim de ajudar Anna durante o último levante da Comuna de Paris, quando salvou a vida de Victor.

* Para as transliterações de nomes russos, seguimos a orientação do *Manual da Redação*, da Folha de S.Paulo. Na p. 33, porém, a ilustração original da edição inglesa se mantém com a grafia da adaptação inglesa ao russo.

Como uma das defensoras da Comuna de Paris, lutou ao lado de

LOUISE MICHEL

SOFIA LUTOU para receber educação e usou sua inteligência para fins surpreendentes, mostrando-se promissora desde cedo. Ela afirma que as antigas anotações de cálculos do pai, que forravam as paredes de seu quarto na infância, despertaram o interesse por números, e aos 14 anos já havia aprendido trigonometria sozinha.

Sofia queria desesperadamente frequentar uma universidade, mas as instituições mais próximas que aceitavam mulheres ficavam no oeste europeu, e não se permitia que jovens viajassem sozinhas. Então ela arranjou um casamento de conveniência com o amigo paleontologista Vladimir Kovalevski, e o casal emigrou para Heidelberg, Alemanha.

Após um período luminoso de estudo, mudaram-se para Berlim, onde Sofia apresentou três artigos que incluíam ideias inovadoras sobre equações diferenciais parciais. Apesar de incríveis conquistas, Sofia não conseguia encontrar emprego, então ela e Vladimir voltaram para a Rússia. Ali, inesperadamente, apaixonaram-se e tiveram um filho. Sofia desacelerou um pouco o ritmo, mas começou a escrever resenhas, ficção, peças e artigos científicos. A tempo, retomou o trabalho na área da matemática e, não conseguindo encontrar emprego nas proximidades, retornou para Berlim.

Sozinha na Alemanha, ouviu a notícia de que Vladimir havia cometido suicídio após o fracasso de seus planos de negócios. Sofia dedicou-se ainda com mais afinco ao trabalho, com resultados nem sempre positivos, mas fantásticos: a estabilidade na Universidade de Estocolmo, a publicação de um artigo e uma peça. Após outra morte devastadora — dessa vez da irmã —, Sofia completou seu "grande triunfo pessoal", o artigo "Sobre a rotação de um corpo sólido em um ponto fixo", que ganhou um prêmio prestigioso. Estava, então, no auge da potência acadêmica. Teve um relacionamento tórrido com Maksim Kovalevski, primo de seu falecido marido, mas ambos estavam muito absortos no trabalho para ao menos morar no mesmo país. Em 1891, Sofia morreu, e o mundo perdeu uma matemática fenomenal.

Quando tinha 19 anos e morava em Heidelberg, Sofia visitou Londres com Vladimir. Ele se encontrou com Charles Darwin e Thomas Huxley, enquanto ela frequentava salões luxuosos organizados pela romancista George Eliot, pseudônimo de Mary Ann Evans. Sofia estava encantada com George, dizendo: "Nunca tinha ouvido voz mais doce, mais insinuante, mais encantadora... Eu a amo muito... a verdadeira George Eliot é dez vezes melhor do que aquela que eu imaginara". Sofia obviamente causou forte impressão em George, como mostra o livro que esta escrevia à época — *Middlemarch: Um estudo da vida provinciana* —, que contém uma passagem um tanto desconcertante: "Resumindo, uma mulher — algo com que o sr. Brooke não tinha a menor noção de como lidar — era um problema não menos complicado do que as revoluções de um sólido irregular". Justamente o tema no qual Sofia se especializara.

SOFIA KOVALEVSKAYA

AUTORA DE alguns dos melhores romances da língua inglesa, George Eliot viveu uma vida não convencional e repleta de tabus. Embora quase sempre descrita como feia, mesmo pelos escritores que a enalteciam, era, por outro lado, considerada inteligente e generosa.

Mary Ann Evans, seu nome de batismo, foi criada na rural Warwickshire, e para o pai sua aparência sem graça indicava que nunca conseguiria um casamento opulento. Então, ele se sentiu obrigado a conceder-lhe uma educação melhor do que aquela destinada à maioria das mulheres.

Após a morte da mãe, ainda durante sua adolescência, Mary precisou largar a escola para ajudar o pai nas tarefas da casa e lá morou até os 30 anos. Nesse período, ficou amiga íntima de pensadores radicais, que a encorajaram a questionar crenças religiosas recrudescidas. Após a morte do pai, mudou-se para Londres.

Mary tornou-se editora-assistente em um jornal de esquerda e conheceu o filósofo George Henry Lewes, por quem se apaixonou. O único problema é que ele era casado e tinha filhos. Tratava-se de um casamento aberto, mas ele não podia se divorciar em razão de questões legais. Mary e George, no entanto, consideravam-se um casal.

A primeira obra de ficção de Mary foi *Scenes of Clerical Life* [Cenas da vida clerical], surpreendentemente realista e publicado sob o pseudônimo de George Eliot. A estrutura de vida pouco convencional atrasou seu reconhecimento formal pela sociedade educada, mas ela por fim foi aceita. Vieram outros romances, incluindo *Middlemarch: um estudo da vida provinciana* e *The Mill on the Floss* [O moinho à beira do rio]. Nessas alturas, George Lewes envelhecera e enfraquecera. Pouco após a morte dele, Mary se casou com John Cross, vinte anos mais novo. Ela morreu aos 61 anos e foi sepultada no cemitério de Highgate, ao lado de George.

Mary integrava a sociedade vitoriana progressista de Londres – o grupo que organizava salões, discutia pensamentos radicais e publicava artigos e romances. Outra pensadora determinada e uma das primeiras feministas que frequentava os mesmos círculos era a médica Elizabeth Garrett Anderson. Quando Elizabeth fundou um hospital, Mary contribuiu com dois guinéus [moedas de ouro britânicas] em apoio à obra.

RAINHA VITÓRIA — pediu seu autógrafo

VIRGINIA WOOLF — Foi defendida em um ensaio por

GEORGE ELIOT

SYLVIA PANKHURST

EMMELINE PANKHURST

Protestaram a seu lado no movimento sufragista

ESPERTA, DETERMINADA e generosa, Elizabeth Garrett Anderson foi a primeira médica a se qualificar na Inglaterra. Desbravando terrenos e mantendo a porta aberta para outras mulheres, ela tinha convicção de que a educação médica deveria ser acessível a todos.

Nascida no East End de Londres, mas criada em Suffolk, Elizabeth recebeu o que se consideraria uma boa educação, apesar de ela lamentar a falta de ciências e matemática. Admiradora de Elizabeth Blackwell, que havia se qualificado médica nos EUA, viajou para Londres a fim de conhecê-la. O encontro transformou sua vida e a convenceu de que deveria ser bem-sucedida nesse ofício. Elizabeth e a irmã mais nova, Millicent, eram amigas da sufragista e feminista Emily Davies. Durante uma reunião, em 1860, as três decidiram como promoveriam a causa dos direitos das mulheres: Elizabeth seguiria a profissão de médica, Emily defenderia a educação universitária para todos, e Millicent faria campanhas políticas pelo sufrágio universal. Elas certamente tiveram êxito no que determinaram. Emily fundaria o Girton College — a primeira faculdade para mulheres do país — da Universidade de Cambridge, enquanto Millicent — sob o nome de casada, Fawcett — se tornaria uma proeminente líder sindicalista e sufragista.

Já Elizabeth, com o apoio do pai, se mudou para Londres. Apesar dos esforços, nenhuma escola de medicina a aceitava, então ela se matriculou como enfermeira e estudante. No entanto, os estudantes homens se opuseram à sua presença no auditório, de modo que ela foi obrigada a sair, ainda que com certificados em química e matéria médica.

Perspicaz, Elizabeth descobriu uma brecha na Sociedade dos Boticários, a qual não especificava que mulheres não poderiam prestar as provas. A qualificação resultante lhe permitiria praticar a medicina. Após ela passar nos exames, em 1865, o sistema reviu as regras de modo a excluir as mulheres.

Em 1866, Elizabeth inaugurou o St. Mary's Dispensary for Women and Children, que tratou de inúmeras vítimas da terrível epidemia de cólera. Ainda determinada a avançar na carreira, Elizabeth aprendeu francês sozinha e obteve o diploma de médica em Paris; em 1872, o dispensário foi renomeado New Hospital for Women. Ela pôde recompensar sua mentora Blackwell com um cargo no hospital, como professora de ginecologia. Em 1874, cumpriu a antiga promessa e fundou a London School of Medicine for Women, lugar no qual as médicas podiam treinar para a profissão. Ela se aposentou e foi morar com o marido e os filhos em Suffolk, em 1902, onde se tornou a primeira prefeita da Inglaterra. Após sua morte, o New Hospital foi rebatizado em sua homenagem.

À época em que Elizabeth estava se candidatando sem sucesso a cursos de medicina, ela e a amiga Emily Davies entraram com uma petição na Universidade de Londres para que as graduações fossem abertas também a mulheres. A dupla distribuiu uma circular para pessoas influentes a fim de que ajudassem, e entre elas estavam o político liberal William Gladstone e a inovadora matemática Mary Somerville. Mary respondeu à circular, dando apoio a Elizabeth.

Mais tarde, as assinaturas de Elizabeth e Mary apareceriam juntas na fracassada petição sufragista de John Stuart Mill. As duas foram não apenas pioneiras da ciência e da matemática, como também se uniram pela determinação de tornar o caminho que trilharam um pouco mais fácil para as mulheres que as seguiriam.

ELIZABETH GARRETT ANDERSON

Elizabeth Garrett Anderson Hospital

MARY SOMERVILLE

Seu livro Mechanism of the Heavens foi inspiração direta para

FLORENCE NIGHTINGALE

CONHECIDA COMO "a rainha da ciência do século XIX", Mary Somerville possuía a alquímica habilidade de galvanizar ideias e teorias de diferentes disciplinas: matemática, astronomia, geografia e física. Seus notáveis saltos de pensamento colaboraram para o avanço científico — a palavra "cientista", inclusive, foi cunhada para descrevê-la, tanto porque "homem da ciência" não era adequado nesse caso, como porque ela atuava em mais de uma disciplina.

Nascida na Escócia, Mary teve a educação típica de uma garota vitoriana — aprendeu bordado, cálculo básico e francês. Seu interesse pela matemática foi despertado por um artigo em uma revista feminina e pela menção casual à geometria feita por seu tutor de arte durante uma aula sobre perspectiva.

Mary estudava obsessivamente em segredo, dominando teoremas complexos e astronomia avançada, além de física. O casamento com um primo distante tornou mais rara a oportunidade de estudar, contudo a morte dele lhe rendeu não apenas mais tempo, mas dinheiro para satisfazer seu desejo de aprender. O segundo marido de Mary, o dr. William Somerville, a incentivava muito mais. Mesmo com quatro filhos para criar, o casal começou a ascender em elevados círculos científicos.

Em 1835, Mary foi eleita, ao lado da amiga Caroline Herschel, a primeira mulher a se tornar membro honorário da Royal Astronomical Society, sendo reconhecida por seus pares como um talento científico formidável. Ela publicou artigos, escritos em linguagem concisa, clara e arrebatadora, os quais romperam barreiras no mundo da matemática e da física, além de preverem corretamente a descoberta e a localização de Netuno.

O maior dom de Somerville parece ter sido o entusiasmo — além do raciocínio impressionante, ela possuía a habilidade de comunicar aos outros quão incrível é o conhecimento científico. Esse talento em empolgar as pessoas a transformou em uma professora inspiradora — tanto que uma de suas pupilas, Ada Lovelace, progrediu a ponto de se tornar uma matemática de alto nível. As duas desfrutaram uma bela amizade profissional e pessoal. Certa vez, Ada escreveu em seu diário: "Vou hoje passar a noite na casa de minha amiga, a sra. Somerville. Ela gentilmente se ofereceu para me levar a um concerto, convite ao qual minha paixão pela música não pôde resistir". As duas com certeza causavam furor juntas: a bela e enérgica Ada e a magnética Mary avidamente conversando sobre matemática e rindo ao longo da noite.

JOAN CLARKE

também foi pioneira da codificação e da programação

MOLDADA NO escaldante caldeirão do breve casamento entre o poeta Lord Byron e a entusiasta da matemática Annabella Milbanke, a personalidade de Ada Lovelace era uma mistura explosiva dos pais. A mãe era obcecada pela educação de Ada e, parcialmente porque temia que a filha herdasse os problemas mentais do pai, insistiu em lhe dar uma base de matemática e ciência, excluindo outras disciplinas. Por sorte, Ada adorava aprender. Mesmo no tempo livre, ela passava horas rabiscando e lendo sobre as inovações tecnológicas da Revolução Industrial.

Ainda adolescente, conheceu o colega matemático Charles Babbage, que depois se tornaria conhecido como o "pai dos computadores" por seu trabalho sobre máquinas diferenciais e o engenho analítico — equipamentos capazes de desempenhar funções matemáticas. Ada e Charles tinham temperamentos parecidos e logo se tornaram amigos. Ele ficou fascinado pela jovem que imediatamente compreendeu seu estudo e a chamou de "Encantadora dos Números". Eles também ganharam a reputação de serem as duas pessoas mais malvestidas do século XIX.

Aos 19 anos, Ada conheceria o futuro marido, William King (que se tornou conde de Lovelace em 1838), e — fator ainda mais relevante — sua tutora Mary Somerville.

Dez anos após o primeiro encontro com Babbage, Ada traduziu um artigo italiano sobre as máquinas dele. Fez várias anotações no artigo, acrescentando as próprias ideias e teorias sobre a invenção. Essas notas contêm o que muitos consideram ser o primeiro programa de computador. Sua grande contribuição foi pensar mais lateralmente sobre como as máquinas poderiam ser usadas — não apenas para processar números, mas também manipular símbolos e música e realizar alguma função fora do estreito mundo da alta matemática. Essa concepção é o que torna Ada única — talvez ela tenha posto em prática seu lado mais poético ao antever como a máquina poderia ser utilizada de modo criativo e colaborativo.

Tragicamente, a saúde de Ada começou a se deteriorar. Apesar de certo interesse por experimentos elétricos e de inventar um "cálculo do sistema nervoso", seus pensamentos tornaram-se confusos, e ela passou a se automedicar com ópio e vinho. Possuía poucos amigos capazes de compreender seu trabalho matemático ou de impedi-la de se afundar no jogo e no vício.

À ocasião de sua morte, uma amiga de Ada, Florence Nightingale, disse: "Disseram que ela não teria vivido tanto se não fosse pela imensa vitalidade de seu cérebro, que se recusava a morrer".

ADA LOVELACE

MUITO MAIS do que a "Dama da Lâmpada", Florence foi a fundadora da enfermagem moderna: uma habilidosa estatística, que usou números para moldar a política governamental, e uma reformista social, que melhorou o sistema de saúde da Grã-Bretanha e defendeu mudanças positivas para todas as mulheres.

Nascida na Itália, mas criada em Derbyshire, Florence foi educada pelo abastado pai. Aos 18 anos, quando a família visitou Paris, teve contato pela primeira vez com o feminismo.

Florence acreditava ter recebido um chamado divino, e logo se tornou claro que seu destino era a enfermagem. Ela rejeitava o casamento e convenceu os pais que a deixassem estudar em Düsseldorf, Alemanha. Aos 33 anos assumiu o cargo de superintendente no hospital para "damas" de Londres.

Em 1854, Sidney Herbert, amigo de Florence, enviou-a com uma equipe de 38 enfermeiras voluntárias para tratar os feridos da Guerra da Crimeia. Em Istambul, na Turquia, elas depararam com condições terríveis — medicamentos insuficientes, má higiene e estrutura precária. Infecções em massa eram comuns. Ali, Florence aprendeu lições fundamentais: que saneamento, ventilação e nutrição adequados ajudavam a salvar vidas. Isso a fez priorizar medidas sanitárias, as quais, ao voltar da guerra, introduziu em hospitais e nos lares da classe operária.

A fama recém-adquirida possibilitou que Florence estabelecesse amplas reformas. Ela escreveu um manual de enfermagem, fundou uma escola de formação e inseriu enfermeiras aptas no sistema de asilos aos pobres. Florence inspirou enfermeiras na Guerra Civil Americana e assessorou o governo norte-americano quanto a cuidados no campo de batalha.

Florence e a médica Elizabeth Blackwell tinham muito em comum: as duas provinham de famílias não conformistas e antiescravagistas, além de terem a convicção de que a medicina era a melhor rota de escape para o estilo de vida prescrito às mulheres. Quando se conheceram, em 1850, conectaram-se imediatamente. Florence ficou maravilhada com a mulher que já trazia as iniciais MD (*Medicinae Doctor*, doutora em medicina).

Em 1859, Florence pediu que Elizabeth fosse a responsável por sua nova escola de enfermagem, mas esta recusou, pois acreditava que as mulheres deveriam planejar ser médicas. Apesar das diferenças, Florence interveio por Elizabeth perante o presidente do Conselho Geral de Medicina, recomendando que o nome dela fosse incluído no novo Registro Médico Britânico.

ELIZABETH GARRETT ANDERSON

Florence era a conselheira de higiene e saneamento no New Hospital for Women, de

FLORENCE NIGHTINGALE

ELIZABETH GARRETT ANDERSON

tornou-se sua protegida

Recebeu uma carta de congratulações e amizade de

GEORGE ELIOT

NASCIDA EM Bristol, na Inglaterra, Elizabeth mudou-se para os EUA com a família aos 11 anos. Após a morte do pai, um ativista antiescravagista, ela começou a lecionar para contribuir com a renda familiar; tinha então 17 anos. Decidiu aprender medicina quando uma amiga íntima à beira da morte admitiu que poderia ter sobrevivido se tivesse sido atendida por uma "médica mulher".

Rejeitada pela maioria das escolas de medicina da Filadélfia, Elizabeth foi finalmente aceita, graças ao voto unânime dos estudantes, no Geneva Medical College, no norte do estado de Nova York. Seus colegas — homens — a aceitaram, mas ela era considerada uma aberração na cidade.

Em 1849, Elizabeth tornou-se a primeira mulher a receber um diploma médico nos EUA. Ela decidiu seguir os estudos na Europa e viajou para Paris, onde se matriculou na La Maternité como parteira aprendiz. Nesse mesmo ano, contraiu oftalmia neonatal de um bebê e perdeu a visão de um olho, o que eliminou suas chances de atuar como cirurgiã.

Ao retornar para Nova York, Elizabeth fundou o que viria a ser a Enfermaria para Mulheres e Crianças Indigentes de Nova York. Durante a Guerra Civil, a instituição treinou enfermeiras para ajudarem nos esforços da União. Nessa época ela também adotou uma órfã irlandesa, Kitty Barry, que serviu como auxiliar dos serviços domésticos e dama de companhia até a morte de Elizabeth.

Elizabeth queria replicar em Londres seu bem-sucedido modelo de escola. Ao lado de Elizabeth Garrett Anderson e Sophia Jex-Blake, entre outras, ela fundou a London School of Medicine for Women em 1874.

Ela se aposentou da medicina três anos depois e engajou-se mais na luta pela reforma social. Possuía um senso moral cristão bastante forte, que transparecia em cada uma de suas campanhas. Muitos talvez a vissem como teimosa e difícil de lidar, mas foi justamente essa determinação que lhe permitiu ter uma carreira médica tão brilhante.

A formação abolicionista de Elizabeth permeou toda sua vida — tanto ela quanto os irmãos levantavam a bandeira antiescravagista do pai. Seu irmão, Henry, casou-se com Lucy Stone, uma proeminente sufragista e abolicionista intimamente relacionada ao movimento pelos direitos das mulheres nos EUA desde o início. A cunhada de Elizabeth leva o mérito de ter inspirado diretamente uma das líderes da luta pelos direitos femininos, Susan B. Anthony.

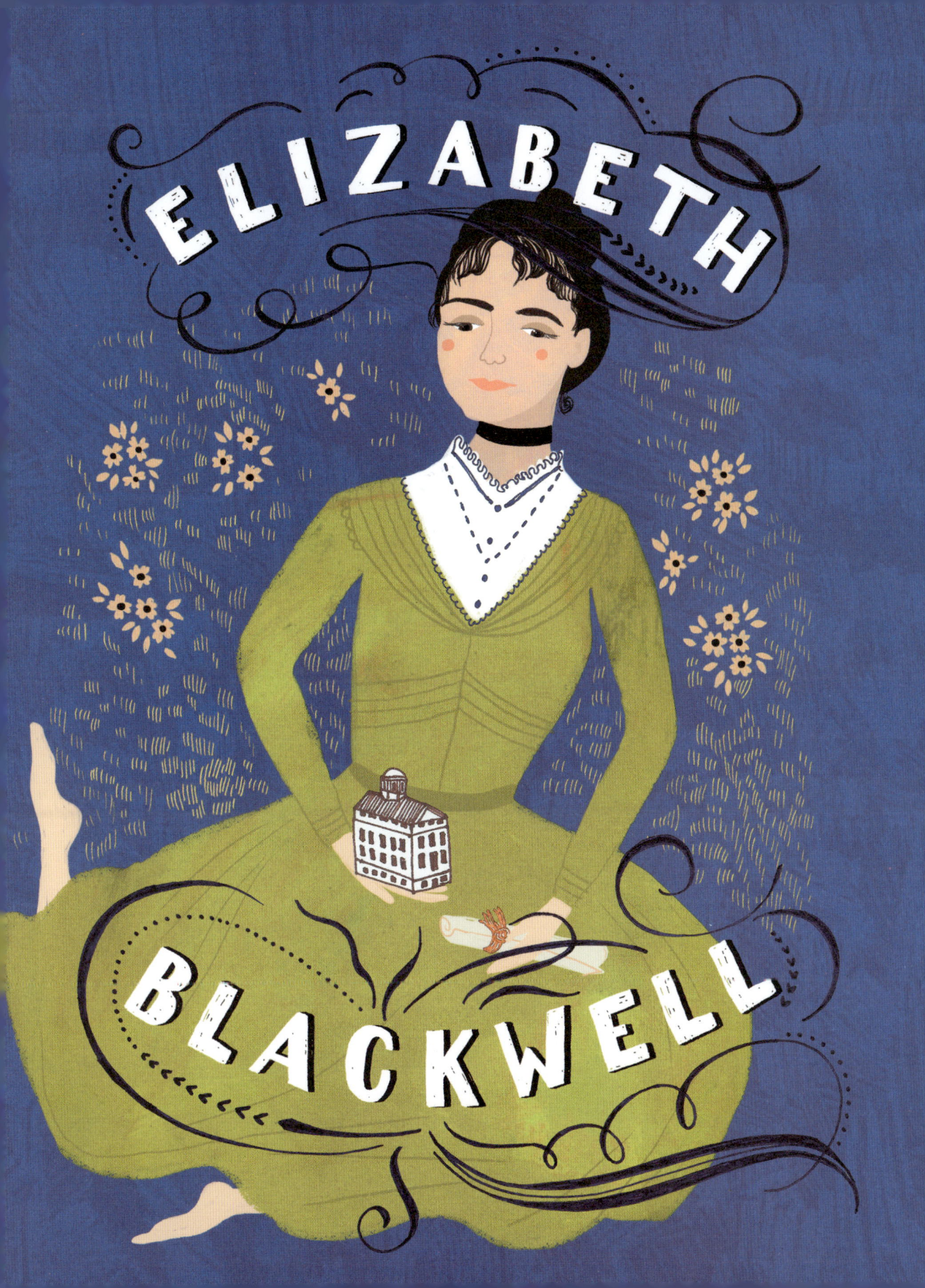

ELIZABETH BLACKWELL

SOJOURNER TRUTH

Trabalhou com e era amiga de

RESPONSÁVEL POR ter conquistado o direito de voto para as norte-americanas, Susan B. Anthony foi uma ativista incansável e pragmática que seguia uma poderosa bússola moral para guiá-la na luta pela reforma social.

Susan cresceu em uma família *quaker* imersa no ativismo: o pai tinha um passado no movimento antiescravagista, e ela e os irmãos herdaram essa paixão pelos direitos civis. Susan ajudou na renda doméstica lecionando e, de início, sentiu-se atraída pelo entusiasmo do pai em relação ao emergente movimento dos direitos das mulheres. Como ela explicou depois, "Eu não estava pronta para votar, não queria votar, mas desejava, sim, salários iguais para trabalhos iguais". Porém, após alguns anos, ela atuaria em período integral como reformista social e oradora pública.

Susan era uma militante resiliente, primeiro contra o consumo de álcool, depois na luta pelos

SUSAN B. ANTHONY

direitos das mulheres e a abolição da escravatura. Ela mergulhava em jornadas sob condições precárias a fim de angariar assinaturas para petições, encarava multidões raivosas em reuniões antiescravagistas, tolerava ser bombardeada com ovos e ameaçada com armas e facas e enfrentava a visão de um busto seu sendo arrastado pelas ruas.

O movimento sufragista começou a se dividir em facções, mas, ao fim da Guerra Civil, Susan emergiu como uma figura política de peso e oradora requisitada. Aos poucos, estado por estado, graças à sua tenacidade, as mulheres conquistaram o direito de votar. Em 1872, Susan estava entre as cerca de cinquenta mulheres em sua cidade natal, Rochester, Nova York, que tentavam votar. Quinze delas conseguiram preencher a cédula. Susan foi presa e levada a julgamento, fazendo como parte de sua defesa um discurso que se tornaria lendário. Foi considerada culpada, mas nunca pagou a multa decretada de 100 dólares.

Em seguida, sua carreira disparou. Susan discursou pelo mundo e estabeleceu alianças internacionais. Nunca lhe faltou energia — aos 75 anos ela explorava o Parque Nacional de Yosemite no lombo de uma mula. Discursava até três vezes ao dia e inclusive comemorou seu octogésimo aniversário na Casa Branca. Quando o sufrágio feminino foi conquistado por completo em 1920, ficou conhecido como a Emenda Susan B. Anthony.

Susan lutou pela abolição ao lado de Harriet Tubman, nascida em circunstâncias bem diferentes. As duas falaram juntas em reuniões em Rochester e colaboraram na Underground Railroad, uma rota subterrânea que levava escravos à liberdade em segurança e na qual Tubman era a "condutora". Havia um respeito óbvio e profundo entre elas, e Harriet mais de uma vez se referiu a Susan como "a mulher mais maravilhosa".

Citada como inspiração para OPRAH WINFREY

Recebeu uma medalha de prata da RAINHA VITÓRIA

CONHECIDA COMO "Moisés" e "general Tubman", devido ao trabalho pela libertação dos escravos, Harriet Tubman tornou-se um emblema da luta pela emancipação negra.

Araminta Ross (Harriet era o nome de sua mãe, o qual adotou ao se libertar) nasceu sob o regime de escravidão, em Maryland. Anos de abuso nunca a impediram de defender os menos privilegiados — certa vez, ela levou um golpe na cabeça desferido por um capataz que pretendia punir outra pessoa. Harriet surpreendentemente sobreviveu, mas sofreu a vida toda com dores, narcolepsia e visões, as quais ela interpretava como mensagens de Deus.

Doente e preocupada em ser vendida como uma mercadoria que se tornara inútil, Harriet escapou da plantação usando a rede de abrigos e rotas secretas conhecida como Underground Railroad [Ferrovia Subterrânea]. Ela se estabeleceu na Filadélfia, voltando para resgatar a família, e depois mais inúmeras vezes para conduzir outros escravos à liberdade. Eles viajavam à noite, ficando em celeiros, sob o piso de igrejas ou em cavernas, escondendo-se de caçadores de recompensas e policiais. O sinal secreto de Harriet era cantar a música "Go Down Moses" em diferentes andamentos para indicar se era seguro prosseguir.

Mesmo sem educação formal, Harriet era uma poderosa oradora e combinava auxílio prático e ativismo de maneira fantástica, baseando-se nas próprias experiências. Valente e comprometida, ela se tornou uma ativista internacionalmente famosa, mesmo com sua origem tão humilde.

Harriet viu na Guerra Civil Americana uma chance de acabar com a tirania da escravidão e voluntariou-se como cozinheira e enfermeira, depois como batedora armada e espiã. Ela liderou uma incursão que libertou mais de setecentos escravos. Após a guerra, Harriet casou-se pela segunda vez e adotou uma bebê chamada Gertie.

Então foi para Auburn, Nova York, a fim de cuidar dos pais, os quais havia resgatado da escravidão, e continuou atuando no movimento sufragista feminino. Morreu em 1913, depois de dizer à família e aos amigos: "Estou indo para preparar um lugar para vocês".

Quem participou da luta pela abolição ao lado de Harriet foi Sojourner Truth, também nascida escrava. As duas seguiam abordagens bastante diferentes em relação à luta: Harriet era prática, fisicamente ativa e agressiva, ajudando escravos a escapar do perigo, enquanto Sojourner discursava e palestrava. Apesar de batalharem pela mesma causa, essas mulheres se encontraram apenas uma vez, em Boston, Massachusetts, em 1864.

harriet TUBMAN

SOJOURNER TRUTH

Sojourner era o nome original da revista Ms., preferido de

GLORIA STEINEM

SUSAN B. ANTHONY

Amiga de

SOJOURNER TRUTH poderia ser descrita como a mãe do feminismo interseccional: por meio de seus discursos e atos, ela mostrou que, para a mulher ser de fato emancipada, todas, independentemente da cor, precisavam ser ouvidas. Bem-humorada, com frequência lançava mão de sátiras e sarcasmo em suas falas com o objetivo de intensificá-las.

Isabella Baumfree cresceu em meio à escravidão no norte do estado de Nova York, tendo sido comprada e vendida três vezes antes de escapar. Levou uma das filhas consigo, mas precisou deixar os outros rebentos para trás. Quando descobriu que o filho de 5 anos, Peter, havia sido vendido ilegalmente, processou o antigo dono e, para surpresa geral na época, ganhou.

Isabella tornou-se cristã e mudou-se para a cidade de Nova York, onde falou em encontros religiosos, aprendendo como ser uma oradora talentosa e comovente. Também mudou o nome para Sojourner Truth. Durante turnês de pregação, ela conheceu os abolicionistas William Lloyd Garrison e Frederick Douglass, que a incentivaram a fazer discursos antiescravagistas. Ela ditou uma autobiografia e se interessou pelo florescente movimento pelos direitos das mulheres.

Sojourner fez seu discurso mais emblemático, "Não sou eu uma mulher?", em 1851. Por meio dele, transmitiu uma forte mensagem: que "mulher" muitas vezes significava "mulher branca" e que a emancipação da mulher negra era tão importante quanto a emancipação de todas as outras.

Em 1865, Sojourner antecipou-se noventa anos a Rosa Parks e trafegou em um bonde exclusivo para brancos, a fim de desafiar a segregação no transporte público em Washington. Em troca, ela ganhou um braço deslocado, mas triunfou em seu objetivo. Também tentou, sem sucesso, persuadir o Congresso a conceder terras a ex-escravos e garantir a propriedade privada.

Sojourner continuou exprimindo-se ardorosamente sobre assuntos como pena de morte, até quando a velhice a permitiu. Em suas viagens, ela conheceu a autora de *A cabana do pai Tomás*, Harriet Beecher Stowe, quando a escritora abrigou em sua casa uma reunião para membros do clero e abolicionistas. No relato de Harriet sobre a reunião — que, aliás, recebeu críticas por ter estereotipado Sojourner como uma simples sulista, quando na verdade a sagaz moça provinha do estado de Nova York —, ela descreveu Sojourner como uma mulher direta, segura de si, que falava de modo simples. Disse nunca "ter conversado com alguém que tivesse mais daquele poder silencioso e sutil que chamamos de presença pessoal do que essa mulher".

A CABANA DO PAI TOMÁS foi o livro que estremeceu o continente, acendeu o pavio da Guerra Civil Americana e mudou a vida de milhares de pessoas. Harriet Beecher Stowe não apenas o escreveu, mas direcionou a raiva que sentiu ao compô-lo para a ação direta.

A família de Harriet possuía raízes na Igreja Calvinista e nos movimentos abolicionistas, e ela e os doze irmãos foram incentivados a usar sua educação e se envolverem em assuntos públicos. Os sete rapazes tornaram-se pregadores, enquanto as moças foram encorajadas a mirar mais alto e lutar contra o preconceito. Uma delas, Catharine, fundou uma escola para garotas com foco acadêmico, na qual Harriet estudou.

Aos 21 anos, mudou-se com o pai para Cincinnati, Ohio, onde conheceria o marido, assim como muitas outras pessoas que compartilhavam suas visões radicais (algumas delas eram ativas na Underground Railroad). Ali, começou a escrever.

Foi a aprovação da Lei de Escravos Fugitivos, a qual punia qualquer um que ajudasse os escravos a escapar e concedia ainda mais direitos a seus donos, que revoltou Harriet. Então no Maine e de luto por seu sétimo e mais jovem filho, ela publicou *A cabana do pai Tomás* em fascículos, no jornal antiescravagista *National Era*. O texto ganhou popularidade imediata e, em 1852, foi publicado em formato de livro. Atingiu fama internacional e, de acordo com alguns, foi a obra mais vendida no século XIX depois da Bíblia.

O impacto do livro foi sísmico. Harriet humanizou os efeitos da escravidão de um modo de partir o coração. Sem consciência das atrocidades que ocorriam no sul do país, os americanos do norte ficaram pasmos com sua ignorância; até o

HARRIET

presidente Lincoln quis conhecer Harriet. Após a Guerra Civil, ela continuou a escrever, editar revistas e militar.

Mais tarde o livro causaria controvérsia — alguns veriam os personagens como subservientes e infantilizados e argumentariam que o modo como foram representados reforçava estereótipos. Porém, nos últimos anos, a obra foi reconhecida como um passo vital no caminho para a abolição.

No primeiro dia de sua publicação, Harriet enviou uma cópia do livro para o príncipe consorte Albert, da Inglaterra. A família real tornou-se fã dela, e durante uma viagem de Harriet um discreto encontro com a rainha Vitória foi arranjado. A carruagem de Stowe ultrapassou a de Vitória na estrada, e as duas mulheres silenciosamente acenaram uma para a outra, em mútua admiração.

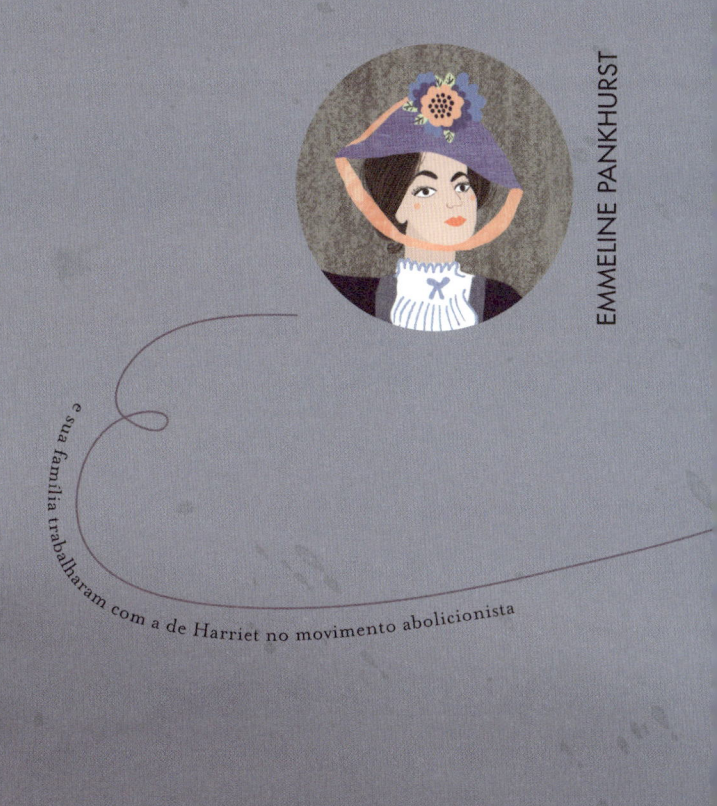

EMMELINE PANKHURST e sua família trabalharam com a de Harriet no movimento abolicionista

BEECHER STOWE

VICTORIA

FLORENCE NIGHTINGALE

Concedeu um broche pelos serviços na Guerra da Crimeia a

ADA LOVELACE

Fez menção em seu diário a

PERSONIFICAÇÃO DE rígidos valores morais, decoro e decência, Alexandrina Victoria, a rainha Vitória, foi a figura representativa do Império Britânico. Ela restaurou a respeitabilidade de uma família com reputação manchada, estabeleceu e fortaleceu relações dinásticas e políticas na Europa e governou um país que se transformava em importante potência industrial.

A vida da jovem Vitória era tranquila. Seu tio era o rei, e parecia improvável que ela precisasse reinar como monarca. Tinha como primeira língua o alemão, apesar de cedo ter dominado o inglês, e era descrita como astuta e graciosa. Na adolescência, após a morte do pai e de dois tios idosos, o reinado tornou-se provável, e ela se tornou a peça-chave do jogo de poder, das tramas e da política que dominavam os bastidores.

Quando Vitória tinha 18 anos, faleceu seu último tio na linha de sucessão, e ela se tornou rainha. Casou-se logo depois com o primo, príncipe Albert de Saxe-Coburgo-Gota — foi um relacionamento turbulento, mas muito amoroso, que resultou em nove filhos.

Vitória recebia bem conselhos e aprendeu rapidamente a arte da política, conduzindo o país por inúmeras crises constitucionais. Ela e Albert, bastante conscientes do crescente movimento republicano, fizeram grandes esforços para apoiar publicamente instituições de caridade. Ela também levava jeito para as relações públicas internacionais, agradando multidões em viagens para a França e Irlanda. Vitória supervisionou enormes avanços tecnológicos durante seu reinado. Trens e navios conectaram cidades dentro e fora do país, solidificando o império. Fortaleceu os laços com o Canadá, a Austrália e a Índia e aumentou o território britânico na África.

Quando Vitória completou 42 anos, Albert morreu, deixando-a inconsolável. Entrou em luto e usou preto pelos 39 anos seguintes. Continuou cumprindo seus deveres e ajudou a manter o país unido durante administrações incertas, mas a tristeza a acompanharia para sempre.

Adorava música, principalmente ópera. Gostava muito de cantar e tocava bem piano — ela possuía um Bechstein folhado a ouro. Seu compositor favorito era Felix Mendelssohn, e, na condição de rainha, ela podia se dar ao luxo de convidá-lo ao palácio. Em uma visita em 1842, Vitória insistiu em cantar uma das músicas dele de que mais gostava, "Italien", para o próprio. De maneira constrangedora, Felix teve que admitir não ser o autor de tal canção — tratava-se de obra de sua irmã, Fanny. Felix havia "honrado" Fanny ao tocá-la — naqueles dias, as mulheres não eram consideradas capazes de compor coisa alguma.

RECONHECIDA COMO importante compositora somente muito após sua morte, Fanny Mendelssohn tinha uma perseverança e um talento que, combinados a um marido obstinadamente encorajador, resultaram na autoria de suas complexas e inovadoras peças.

Fanny e o irmão, o compositor Felix, cresceram em Hamburgo, Alemanha, como bons amigos. Ambos eram obcecados por música e aprenderam a compor juntos. Fanny era considerada um prodígio. Seu professor, Carl Friedrich Zelter, descreveu como ela conseguia "tocar como um homem" – o maior elogio à época. Aos 14 anos, ela memorizou todos os prelúdios e fugas de Bach, os quais tocou no aniversário do pai.

Aos 17 anos, Fanny conheceu o pintor Wilhelm Hensel, que logo se apaixonou por ela. O rapaz era o alvo das piadas da família Mendelssohn – eles riam de sua estupidez e falta de habilidade musical –, mas, quando Felix partiu em turnê pela Europa, o rapaz retornou e cortejou Fanny. Ele ficou impressionado com os talentos da moça, e os dois se casaram sob a condição de que ela continuasse a compor. Toda manhã ele entregava a ela um manuscrito em branco, o qual esperava estar preenchido quando voltasse de seu estúdio para casa.

Fanny aos poucos ganhou confiança e começou a oferecer concertos privados de suas peças em casa. Ela fez uma apresentação pública em 1838, na qual tocou uma das composições do irmão, e, em 1846, publicou algumas obras próprias, reunidas na *Op. 1*. De forma trágica, justamente quando a carreira começava a florescer, ela sofreu um infarto e morreu. O irmão faleceu um ano depois. Mais tarde, sua música recobraria o reconhecimento. A "Sonata de Páscoa", havia muito perdida, foi descoberta em uma coleção particular em 1970 e, apesar de inicialmente ter sido creditada a Felix, hoje é considerada obra dela.

A rejeição continuada e por vezes cruel de Felix aos talentos de Fanny devia-se provavelmente mais ao fato de ela ser sua irmã do que por ser mulher — ele incentivava outras compositoras e intérpretes femininas, muitas vezes se apresentando ao lado da pianista e compositora Clara Wieck Schumann. Ela tornou-se amiga íntima de Fanny, descrevendo-a como "indiscutivelmente a musicista mais eminente de seu tempo".

FANNY MENDELSSOHN

Uma pianista clássica extremamente habilidosa, como

NINA SIMONE

PIANISTA E compositora brilhante, Clara deixou a carreira de lado para promover os talentos do marido, Robert Schumann. Os problemas mentais dele e os supostos relacionamentos dela com os colegas compositores Johannes Brahms e Theodor Kirchner delinearam uma trajetória melodramática.

Nascida em Leipzig, Alemanha, filha de uma cantora de ópera e um reconhecido professor de música, Clara, após o divórcio dos pais, viveu sob os cuidados do pai. Friedrich Wieck instruiu Clara usando os próprios métodos musicais de ensino, e aos 11 anos ela já estava em turnê pela Europa como pianista, apresentando-se para celebridades, como Goethe e Paganini, e sendo aclamada pela crítica. Aos 18 anos havia conquistado Chopin e Liszt como fãs.

Robert Schumann também integrava o lar dos Wieck. Ele era um estudante agregado que se mudou para lá quando Clara tinha 9 anos. Apesar da indignação do pai, aos 18 anos a moça aceitou a proposta de casamento de Robert. Friedrich entrou em pânico, enviou Clara para morar em Dresden, expulsou Robert e organizou uma agenda repleta de apresentações para a filha. Mas o casal manteve contato por cartas. Após uma batalha legal por Clara, casaram-se um dia antes do 21º aniversário dela; tiveram oito filhos.

Ao contrário do pai, que sustentava expectativas altas para a filha, Schumann não incentivava muito a carreira de Clara. Apesar de tê-la ajudado a encontrar quem publicasse suas obras, ele a sujeitava a ficar em segundo plano.

O casal promoveu a carreira do violinista Joseph Joachim e do pianista Johannes Brahms, cujas obras Clara foi a primeira a ouvir e com quem supostamente teria tido um romance. Em certa ocasião, Brahms lamentou em uma carta a Clara: "Você não pode dissolver o feitiço que lançou sobre mim?". Também é dito que Clara teria tido uma relação com um dos melhores amigos de Brahms, o compositor Theodor Kirchner. A saúde mental de Robert era frágil; ele tentou cometer suicídio atirando-se no rio Reno e, por fim, foi internado em um sanatório. Clara passou a depender do apoio de amigos, entre eles Mendelssohn, Brahms e a cantora de ópera Jenny Lind — sobretudo após a morte do marido, quando ela tinha 37 anos.

Felizmente, a obra de Clara foi revalorizada ainda em vida, durante os anos 1870. Ela retomou as turnês de apresentações após a morte de Robert e, em 1878, tornou-se professora de piano no Alto Conservatório de Frankfurt, cidade onde morreu em 1896.

A sombria e problemática vida de Robert Schumann e os complicados envolvimentos da esposa tornam essa história fascinante, retratada em 1947 no filme *Sonata de amor*. Paul Henreid interpretou Schumann, e Katharine Hepburn fez o papel de Clara. A atriz aprendeu a tocar piano para interpretá-la, mas o filme não foi um grande sucesso, em parte graças à oposição determinada e pública de Katharine, fora das telas, ao movimento anticomunista em Hollywood.

CLARA WIECK SCHUMANN

A AUTÊNTICA Katharine Hepburn nunca permitiu que Hollywood domasse sua personalidade obstinada. Espirituosa, generosa e leal aos amigos, ela apresentava uma combinação de talento, inteligência e senso de humor que conquistou o público por mais de oito décadas. Além disso, quebrou paradigmas ao usar calças.

Filha de uma sufragista e um médico, Katharine teve uma infância plena: participou de manifestações, nadou em rios e praticou esportes. Porém, sua vida tornou-se irreversivelmente sombria após o suicídio do querido irmão mais velho, cujo corpo enforcado foi ela quem encontrou. O subsequente desprezo por melindres e sentimentalismo é atribuído ao incidente.

Após se formar em história e filosofia pela Bryn Mawr College, Katharine dedicou-se ao teatro, em cujos palcos brilhou. Sua atitude destemida dificultava o trabalho de dirigi-la, mas também imprimiu confiança a seu modo de atuação. O primeiro filme de Hollywood foi *Vítimas do divórcio*, que lhe rendeu críticas laudatórias. Ganhou um Oscar – o primeiro de quatro – por seu terceiro filme, *Manhã de glória*. Depois de alguns fiascos a marcarem como "veneno das bilheterias", comprou os direitos de *Boêmio encantador*, filme que acabou sendo um sucesso comercial.

A visão radicalmente liberal, pró-escolha e ateísta influenciou os papéis que interpretava. Suas personagens eram fortes e sagazes, mas com um lado humano: Jo March em *As quatro irmãs*, Susan Vance em *Levada da breca*, Tracy Samantha Lord em *Núpcias de escândalo*. Sua carreira se mantinha brilhante – Katharine protagonizou alguns dos melhores filmes de todos os tempos: *Uma aventura na África*, *Adivinhe quem vem para jantar*, *Num lago dourado*. Resistiu à tempestade anticomunista em Hollywood e seguiu promovendo o controle de natalidade e causas pró-escolha.

Katharine se casou com um corretor de ações aos 21 anos, mas a relação lhe pareceu sufocante; o casal se divorciou amigavelmente seis anos depois.

KATHARINE HEPBURN

A vida sexual de Katharine ainda é fonte de muita especulação. Acredita-se que provavelmente fosse bissexual, e ostenta a conquista de um rol de galãs: Howard Hughes, John Ford e, com mais destaque, Spencer Tracy, com quem se relacionou por 26 anos.

Katharine morreu no adorado lar familiar, em Connecticut, aos 96 anos.

Em 1943, ela participou de *Noivas do Tio Sam*, um filme-propaganda que se passa em uma casa noturna nova-iorquina onde soldados são entretidos por celebridades americanas. Esse formato era propício para artistas fazerem pontas, e Katharine aparece como si mesma. Outros nomes de peso dão o ar da graça: Harpo Marx, Tallulah Bankhead, Gracie Fields e Gypsy Rose Lee, que causou polêmica ao fazer um *striptease* diante de bandeiras dos Aliados. Seu ato chamava-se "Psychology of a Strip-Tease Dancer" [Psicologia de uma *Stripper*] e mostrava Gypsy debatendo filosofia, arte e literatura enquanto se despia de modo sedutor.

ELSA SCHIAPARELLI

desenhava roupas que ela adorava

GYPSY ROSE LEE

Tornou-se a artista mais proeminente de Folias de Ziegfeld, assim como

JOSEPHINE BAKER

GALA DALÍ

LEONORA CARRINGTON

Foi retratada por Max Ernst, que se envolveu com

NASCIDA ROSE Louise Hovick, Gypsy Rose Lee não ficou famosa por tirar a roupa, mas pelo jeito como a tirava. Era adorável – tanto as mulheres quanto os homens gostavam dela –, engraçada e acessível, porém com uma postura confiante. Seu sincero e impactante livro de memórias, *Gypsy*, foi transformado em um dos melhores musicais de todos os tempos.

A família Hovick era sabidamente desequilibrada, e Rose Hovick seguia o estereótipo de mãe rigorosa de crianças artistas. Ela falsificou as certidões de nascimento dos filhos e forçou a irmã mais velha de Gypsy, June, a sustentar a família dançando em teatros de variedades quando tinha apenas 2 anos e meio. Gypsy era considerada menos talentosa e foi deixada para trás quando a mãe e a irmã caíram na estrada, mas ainda assim acabou cantando em um coral. Começou a carreira burlesca quando uma alça de seu vestido estourou, criando um estilo que estava mais para a provocação do que para o *striptease*, arrancando risadas conforme recitava passagens intelectuais. Logo se tornou uma estrela, a maior atração do sofisticado show burlesco Minsky, fingindo derrubar alfinetes do vestido em uma tuba a fim de provocar tinidos e levando quinze minutos para despir uma única luva.

Porém, mesmo no auge da carreira, Gypsy continuava sofrendo com a terrível mãe exigindo dinheiro e alugou um espaçoso apartamento para ela em Manhattan, Nova York. Ali, Rose atiraria em Genevieve Augustine, sua suposta amante, matando-a. Diz-se também que ela teria assassinado o gerente de um hotel ao empurrá-lo da janela. Quando Rose morreu de câncer, em 1954, suas últimas palavras para Gypsy foram assustadoras: "Você nunca vai se esquecer de como a estou segurando neste minuto, desejando com todo o meu coração poder arrastá-la comigo".

O esquete intelectual de Gypsy era mais que um gracejo no palco. Ela circulava pela elite cultural e literária – Benjamin Britten, Leonard Bernstein, W.H. Auden e Joan Miró eram seus amigos, enquanto Otto Preminger foi pai de seu único filho. Ela atuava também na política, apoiando a Frente Popular na Guerra Civil Espanhola.

Ao fim da vida, Gypsy apresentou um programa de TV no qual sua perspicácia foi bem aproveitada. Ela morreu em 1970, aos 59 anos, vítima de câncer de pulmão.

Gypsy fazia parte do círculo de Hollywood e tornou-se amiga da atriz Hedy Lamarr. Em certa ocasião, Hedy desmanchou-se em elogios a ela: "Uma das pessoas de que mais gosto é Gypsy Rose Lee. Ela incorpora a promessa bíblica de 'aquele que o tem consegue'. E espero que ela consiga muito mais".

KATHARINE HEPBURN

teve um relacionamento com Howard Hughes, que também namorou

DURANTE MUITAS décadas, Hedy Lamarr não recebeu reconhecimento por sua inovação científica. Felizmente, sua contribuição para a tecnologia de espalhamento espectral enfim veio à luz. Porém, a história foi quase eclipsada por uma vida fascinante, da qual até mesmo o roteiro de filme mais absurdo não daria conta.

Ser a primeira mulher a simular um orgasmo em um filme não pornográfico, escapar do casamento com um perverso traficante de armas nazista e inventar a tecnologia que se tornou a base do Wi-Fi e do Bluetooth foram apenas algumas das extraordinárias maneiras com as quais Hedy estilhaçou os estereótipos do século XX. Ela, quem diria, um dia lamentou: "Minha beleza é minha maldição". Por causa disso, lutou contra a camisa de força que a limitava ao sistema de celebridades hollywoodianas mesmo possuindo um raciocínio científico excepcional.

Hedwig Eva Kiesler nasceu em Viena, Áustria. Quando jovem, a pele de porcelana, o brilhoso cabelo negro e os olhos azul-piscina atraíram a atenção de muitos homens, entre eles o terrível Friedrich Mandl, terceiro homem mais rico do país e traficante de armas que fornecia para Benito Mussolini e Adolf Hitler. Ela foi mantida em uma prisão dourada após o casamento, no castelo Schloss Schwarzenau, mas o trato frequente com os fabricantes de armas acabou, no entanto, por despertar-lhe o interesse pela tecnologia.

Após duas tentativas de fuga fracassadas, Hedy, seu nome artístico, escapou para Londres, onde conheceu o diretor da MGM, Louis B. Mayer. Ele enxergou seu potencial para ser a próxima Greta Garbo e a contratou. A beleza europeia de cabelos escuros de Hedy era considerada exótica nos EUA. Ela procurou domar-se com perucas e figurinos sem graça, mas acabou assumindo seu visual característico, com o qual fascinou o público em *Argélia*. O filme a lançou para a mais alta fama de Hollywood.

Conforme o tempo passava, Hedy se frustrava com a falta de profundidade de seus papéis, declarando: "Qualquer garota pode ser glamorosa. Tudo o que você precisa fazer é ficar parada e parecer estúpida".

Ela ocupava o tempo fazendo invenções em seu laboratório de engenharia: uma coleira de cachorro que brilhava no escuro, cubos que transformavam água em refrigerante e um projeto fundamentado em fragmentos de conversas captadas no Schwarzenau. Com dados técnicos do compositor George Antheil, Hedy o cadastrou como a Patente Número 2292387, um "sistema de comunicações secreto" baseado em saltos de frequência e destinado a mísseis radioguiados. A dupla cedeu gratuitamente a invenção à Marinha americana, em cujos arquivos ela mofou por décadas. Mais tarde, porém, o projeto constituiria a base para a tecnologia de comunicações atual, incluindo telefones, Wi-Fi e sistemas de GPS.

Hedy foi tardiamente reconhecida por suas conquistas científicas: em 1997, ganhou o Electronic Frontier Foundation Pioneer Award e o Bulbie Gnass Spirit of Achievement Bronze Award. No entanto, ela não compareceu às cerimônias, pois havia se tornado reclusa. Postumamente, foi admitida no Hall da Fama Nacional dos Inventores — reconhecimento atrasado para uma mente fantástica escondida do mundo por trás de uma beleza incandescente.

Assim como Hedy Lamarr, Joan Clarke também não receberia o mérito por sua inovação científica por décadas após o Dia da Vitória na Europa. Ela está ao lado de milhares de outras mulheres que, apesar de não terem podido lutar na linha de frente na Segunda Guerra Mundial, fizeram contribuições intrépidas e vitais para o esforço de guerra.

HEDY LAMARR

A MODÉSTIA e a invejável capacidade de Joan Clarke de manter um segredo indicam que nunca saberemos exatamente a extensão de suas contribuições para a decodificação na Segunda Guerra Mundial. Winston Churchill em certa ocasião descreveu aqueles que trabalhavam para decifrar os códigos durante o conflito como "a galinha dos ovos de ouro que nunca cacarejou".

Nascida em Londres, filha de um vigário e de sua esposa, Joan Clarke foi uma matemática formidável. Ela completou duas graduações simultâneas na Universidade de Cambridge — apesar de diplomas completos só serem concedidos a mulheres a partir de 1948 — e foi recrutada pela ultrassecreta Government Code and Cypher School, em Bletchley Park, nos arredores de Londres, em 1939. Doze mil pessoas trabalhavam em Bletchley, das quais 8 mil eram mulheres. A maioria delas desempenhava funções repetitivas de conferência e transcrição de dados, mas Joan rapidamente passou de secretária para a equipe de pesquisa, alocada na cabana 8. Joan foi classificada como linguista, já que o cargo de criptoanalista sênior não podia ser ocupado por uma mulher. Ao preencher os formulários, ela achava graça ao informar: "cargo: linguista; idiomas: nenhum".

Foi ali que Joan conheceu Alan Turing, homem tímido também dotado para a matemática. Os dois eram bastante parecidos — gostavam de xadrez, quebra-cabeças e natureza — e tornaram-se bons amigos. Apesar de Turing ser homossexual, chegaram a ser noivos por um tempo, até ele terminar o relacionamento, pois sabia que a faria infeliz. A amizade, no entanto, manteve-se até a morte dele.

O trabalho que o par desenvolvia era complicado e de importância vital. A equipe desvendava códigos diariamente, transcrevendo mensagens em tempo real e salvando vidas e equipamentos no processo.

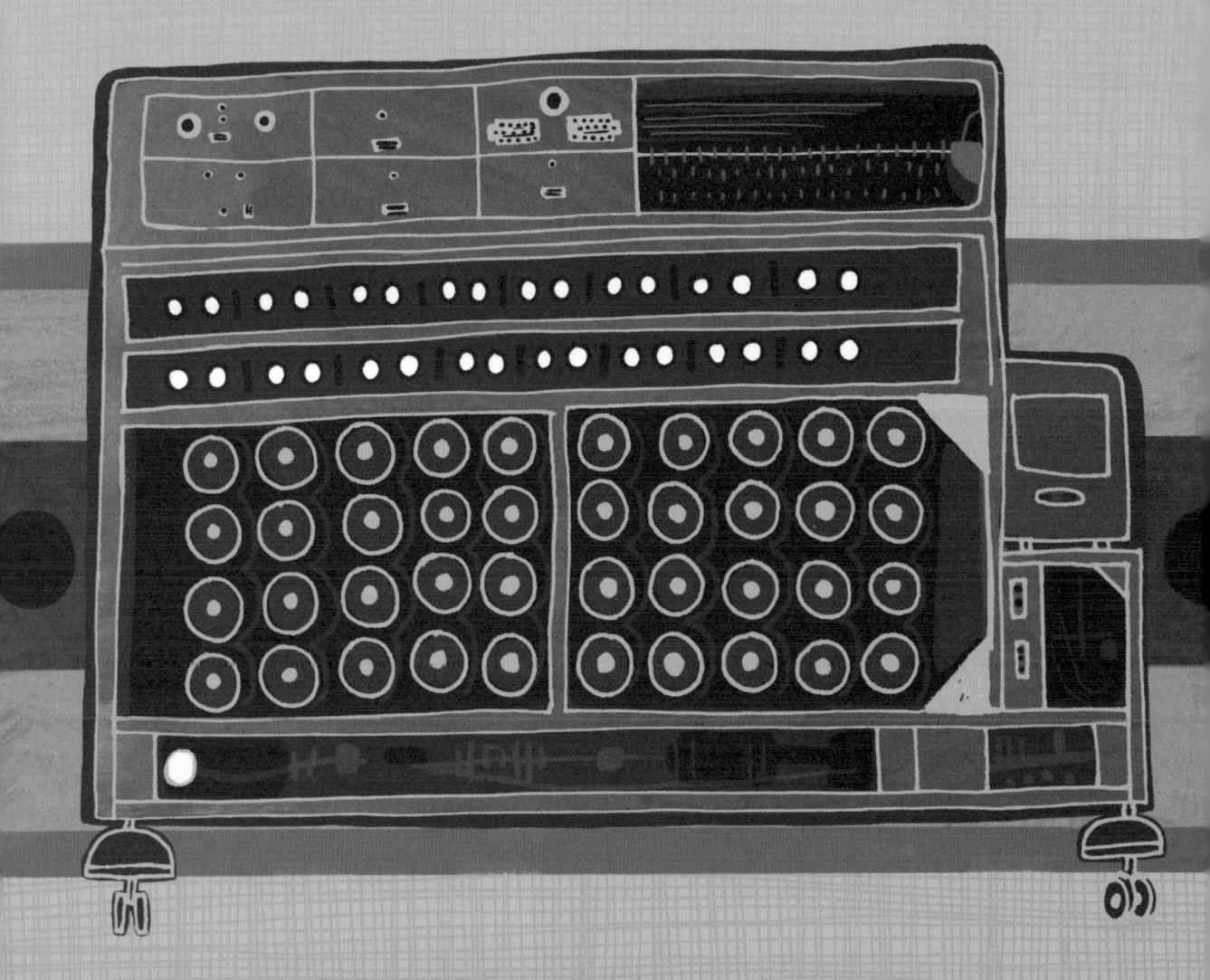

Após a guerra, Joan recebeu a Ordem do Império Britânico, casou-se com um oficial militar aposentado com quem trabalhara em Bletchley e mudou-se para a Escócia. Levou uma vida tranquila, dedicando o tempo à pesquisa de moedas escocesas e ao tricô – um final discreto para uma existência voltada para a decodificação de segredos. Ela morreu em 1996.

Joan foi uma das inúmeras mulheres que contribuíram diretamente para a vitória britânica na guerra. Lutando a seu lado pela mesma causa, porém de uma maneira mais prática, estava a piloto Amy Johnson. Como no caso de Joan, grande parte do trabalho de Amy na guerra era confidencial – inclusive, o motivo de seu último voo mantém-se como segredo de Estado.

ADA LOVELACE

também foi pioneira da codificação e da programação

JOAN CLARKE

ELSA SCHIAPARELLI desenhou uma blusa inspirada em seu voo-recorde entre a Inglaterra e a África do Sul

AMY TRABALHAVA como secretária jurídica quando sentiu despertar o interesse pela aviação em um passeio ocasional, em um domingo à tarde, ao aeródromo de Stag Lane, no norte de Londres. Ela escreveria depois: "Se eu fosse homem, talvez tivesse explorado os polos ou escalado o monte Everest, mas meu espírito encontrou a liberdade no ar". Diferentemente de muitos pilotos nobres e ricos que faziam aquilo por diletantismo, Amy tinha objetivos mais elaborados do que simplesmente ficar voando por aí para se divertir. Ela elaborou um plano para sua ousada primeira tentativa de quebrar um recorde — uma épica viagem solo do Reino Unido até a Austrália. Inacreditavelmente, antes de decolar ela computava meras 85 horas práticas de voo.

Nossa heroína partiu do aeródromo de Croydon em 5 de maio de 1930 em um Gypsy Moth de segunda mão chamado *Jason*, que o pai a ajudara a comprar. A aventura a levou ingenuamente por uma linha reta que passava por desertos assolados por tempestades de areia, monções indianas e montanhas com turbulências térmicas. A imprensa global estava fascinada, e, apesar de Amy não ter conseguido quebrar o recorde, ao fazer o pouso forçado em Darwin, havia conquistado fama internacional e foi condecorada pelo rei Jorge V com uma Ordem do Império Britânico.

Em 1932, Amy ganhou um novo copiloto, Jim Mollison, que a pediu em casamento somente oito horas após se conhecerem. O casal sobrevoou o Atlântico, estabelecendo o recorde de voo entre a Grã-Bretanha e os Estados Unidos, e em Nova York os dois foram recebidos por um desfile com chuva de papel.

No entanto, desafios e feitos ousados não pagavam o aluguel, então Amy começou a escrever e a incursionar na indústria da moda — Elsa Schiaparelli inclusive desenhou uma coleção inspirada em suas aventuras.

Durante a Segunda Guerra Mundial, Amy juntou-se à recém-formada Air Transport Auxiliary, ou ATA, que transportava as aeronaves da Força Aérea Real pelo Reino Unido. As mulheres membros da ATA receberam a alcunha de "Attagirls" e tornaram-se as primeiras a receber salário equivalente ao dos homens em um cargo público. Em 5 de janeiro de 1941, um domingo, Amy estava em uma missão para entregar um Airspeed Oxford de Blackpool em Oxfordshire quando caiu no mar próximo a Herne Bay, desapareceu e foi dada como afogada. Mistérios cercam sua morte, e seu corpo nunca foi encontrado. Amy forneceu o epitáfio mais apropriado para si mesma, dizendo em certa ocasião: "Sou uma mulher comum que realizou coisas fora do comum".

Amy guarda bastante semelhança com a piloto francesa pioneira Hélène Dutrieu — ambas quebraram recordes, trabalharam durante as guerras mundiais e atuaram como escritoras. Também tinham um pé na alta-costura. Em 2003, ambas foram reconhecidas pela Women in Aviation International como duas das cem mulheres que mais influenciaram a aviação e a indústria aeroespacial.

AMY JOHNSON

51°32'28.5"N 00°27'55"W

HÉLÈNE DUTRIEU

VICIADA EM velocidade e adrenalina, Hélène Dutrieu galgou a vida no mais arriscado estilo, com um sorriso no rosto, atitude confiante e, fato mais chocante, sem usar espartilho — tudo isso na passagem do século XIX para o XX. Nessa época em que muitas mulheres estavam constritas a saias longas e homens dominadores, ela foi uma ciclista campeã — acrobata, inclusive —, piloto de carro e pioneira da aviação.

Nascida na Bélgica, Hélène largou os estudos aos 14 anos. Inspirada por um intrépido irmão mais velho, tornou-se ciclista de velocidade, quebrando o recorde mundial feminino de distância percorrida em uma hora, em 1893. Mas rotas planas não eram suficientes para satisfazer seu ímpeto por aventura, então ela se transformou em ciclista acrobata, inventando "La Flèche Humaine" [A Flecha Humana] — truque em que pulava mais de 15 metros com a bicicleta.

Hélène era uma artista e, após um acidente em Berlim, colocou o tino para o *show business* em prática enquanto recuperava a saúde, subindo no palco como atriz de comédias. A essa altura, já era uma celebridade, adorada pelo entusiasmo e coragem. Também tinha uma constituição física diminuta e esguia. Todos esses elementos a tornaram a escolha perfeita de Clément-Bayard para o lançamento de seu novo avião, o Santos-Dumont Demoiselle nº 19. O pensamento por trás da escolha era no mínimo condescendente: se uma mulher magra podia pilotar aquele avião, um homem o faria com a maior facilidade. Porém, poucos homens teriam a valentia e as habilidades de Hélène.

Em 1910, tornou-se a primeira mulher a voar com um passageiro. No mesmo ano foi a quarta mulher do mundo a obter o brevê de piloto. O apelido de "Flecha Humana" deu lugar a outro, igualmente elegante: "Senhora Falcão".

Hélène, que vestia galantes trajes de aviadora, era famosa pelo bom gosto, mas um escândalo relacionado a esse seu estilo eclodiu em 1910, quando se espalhou a notícia de que ela, quem diria, não usava espartilho ao voar. Hélène deu de ombros à indignação geral. Aposentou-se da triunfante carreira aeronáutica em 1913, tendo recebido a Ordem Nacional da Legião de Honra.

Durante a Primeira Guerra Mundial, Dutrieu colocou suas primorosas habilidades de condutora em prática, tornando-se motorista de ambulância; depois, foi diretora de um hospital militar. Encerrada a guerra, trabalhou como jornalista e também criou a Coupe Hélène Dutrieu-Mortier, taça entregue à piloto francesa ou belga que realizasse o mais longo voo sem paradas no ano. Dutrieu foi uma das pilotos mais influentes do início do século XX, aplainando o caminho para que outras a seguissem.

A Femina Cup foi um prêmio criado em 1910 para laurear a piloto que fizesse o voo mais longo daquele ano. A primeira vencedora oficial foi Hélène. Ela também ganhou no segundo ano. Porém, sua maior competidora em ambas as disputas foi a francesa Marie Marvingt, que de fato havia sido prematuramente considerada a vencedora da primeira taça, sendo suplantada nos últimos dias de 1910 pelo voo de Hélène.

* Nas ilustrações: placas na parede: "Licença para pilotar - 1ª mulher belga", "Garota-falcão", "Altitude + Distância 1909", "Legião de honra". Livros na estante: "Manobras de condução", "Acrobacias de moto", "O ciclista de acrobacias", "Condução de ambulâncias", "Segunda Guerra Mundial", "A aviação", "A vanguarda", "Militar", "Hospital" [em tradução livre].

FLORENCE NIGHTINGALE

Contribuiu com avanços pioneiros na tecnologia da enfermagem, assim como

JOSEPHINE BAKER

Recebeu a Croix de Guerre por serviços à Força Aérea Francesa na Segunda Guerra Mundial, como

MAIS QUE uma triatleta, Marie Marvingt era campeã em qualquer esporte ao qual se dedicasse. Incentivada pelo pai, que era funcionário do correio, a manter uma forma física excelente, aos 5 anos nadava 4 mil metros em um dia. Aos 15, percorria 400 quilômetros de canoa, de Nancy, na França, a Koblenz, na Alemanha. Quando adulta, já havia escalado vários dos picos mais desafiadores da Suíça e se tornado a primeira mulher a nadar a extensão do Sena ao longo de Paris, ganhara prêmios de tiro e derrotara o mundo todo nos esportes de inverno e bobsled. Em 1908, tentou se inscrever no Tour de France, mas foi impedida por ser mulher. Decidida, pedalou a rota atrás dos competidores. Apenas 36 dos 114 participantes homens completaram o trajeto; Marie bateu o tempo de vários deles.

Não satisfeita com tantas conquistas em terra, foi a primeira mulher a pilotar um balão cruzando o mar do Norte e o canal da Mancha. Depois, dedicou-se à nova maneira de planar como um pássaro: o avião.

Em novembro de 1910, Marie obteve o brevê de piloto e tornou-se a primeira mulher a fazer um voo solo em um monoplano. Ela adorava voar longas distâncias e competiu na Femina Cup, além de participar de demonstrações aéreas. Foi nessa época que propôs ao governo francês a criação de uma divisão de ambulâncias aéreas. Ninguém se interessou pela ideia, mas Marie não desistiu e inclusive projetou e encomendou um protótipo.

Marie era irrefreável. Durante a Primeira Guerra Mundial, queria desesperadamente entrar para o serviço militar, então se disfarçou de homem e lutou na linha de frente. Desmascarada, seguiu trabalhando como enfermeira da Cruz Vermelha. Em 1915, consideraram-na a primeira mulher a voar em combate, bombardeando Metz, feito pelo qual recebeu a Croix de Guerre.

As ambulâncias aéreas continuaram a fascinar e obcecar Marie. Ela dedicou sua vida pós-guerra a divulgar e defender seu uso. Criou prêmios para projetos, estabeleceu a ambulância aérea civil no Marrocos e desenvolveu cursos de treinamento para "aeroenfermeiras". Apenas em 1939 o governo compreenderia o quão inovadoras eram suas ideias. A visão de Marie foi vital para a fundação da *aviation sanitaire*, que empregava mulheres pilotos e enfermeiras para tratar feridos. Em uma medida ainda mais radical, o governo também constituiu um corpo de mulheres pilotos militares, que seguiram o caminho aéreo traçado por Marie. Entre elas estava a experiente aviadora Maryse Hilsz, que foi designada segundo-tenente.

MARIE MARVINGT

1908.

MARYSE HILSZ

ANNE FRANK

JOSEPHINE BAKER

AUDREY HEPBURN

Membro da Resistência na Segunda Guerra Mundial ao lado de

MARIE-LOUISE "MARYSE" Hilsz fez mais aos 30 e 40 e poucos anos do que a maioria das mulheres ao longo de toda uma existência, colocando a paixão pela aviação acima de relacionamentos e até mesmo da própria vida.

Maryse era chapeleira, mas seu fraco sempre foi a aviação. Com cerca de 20 anos, entrou em uma competição de paraquedas, apesar de nunca ter estado a bordo de um avião. Isso bastou para se viciar no salto e começar a praticar a atividade profissionalmente, assim como *wing walking* [caminhada nas asas do avião], com o objetivo de pagar o brevê de piloto.

Três anos após obter o brevê, a elegante e determinada Maryse já dava o que falar. Ela fez um voo de ida e volta para Saigon, partindo de Paris, e quebrou os recordes de velocidade e distância em um bate e volta para Tóquio. Em 1936, atingiu a altitude de 14.310 metros em um avião movido a hélice – um feito ainda inédito para uma mulher. Com frequência, ela realizava voos solo, tendo que consertar a aeronave sozinha; na tentativa de quebrar um recorde, precisou usar o assento ejetor de emergência.

Com cerca de 30 anos, Maryse conheceu o colega aviador André Salel. Os dois logo engataram um relacionamento, mas, em um pacto dramático, decidiram nunca se casar, ambos aterrorizados pela ideia de comprometer a vida aventureira caso se acomodassem. Em 1934, o avião de André caiu, causando a morte dele e do mecânico. Maryse, devastada, erigiu uma lápide em sua homenagem.

Durante a Segunda Guerra Mundial, Maryse juntou-se à resistência, pilotando em missões secretas, e, em certa ocasião, teve de fazer um pouso de emergência na Turquia. Após a guerra, entrou para a Força Aérea Francesa, na qual comandou um grupo feminino de pilotos de elite. A intuição de que sua arriscada rotina resultaria em uma vida curta provou-se verdadeira: em 1946, Maryse morreu em um acidente com três outros tripulantes enquanto pilotava sob condições meteorológicas ruins.

Em 1933, Maryse recebeu o título compartilhado de Mulher do Ano da Federação Aeronáutica Internacional. Ela dividiu a honra com Amelia Earhart.

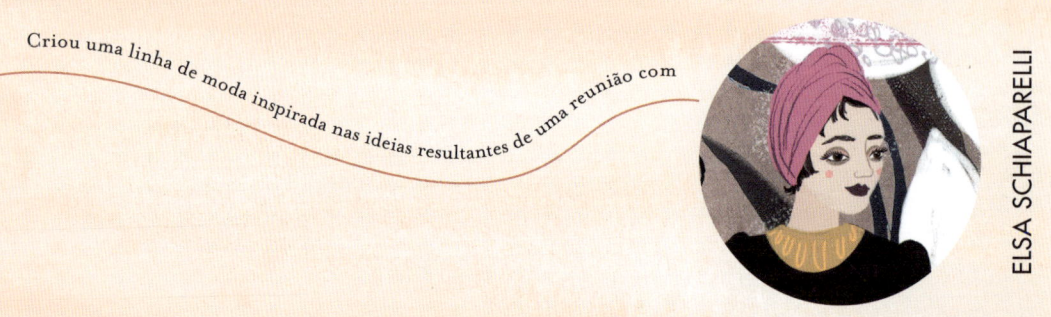

Criou uma linha de moda inspirada nas ideias resultantes de uma reunião com **ELSA SCHIAPARELLI**

Inspirou uma personagem em Assim amam as mulheres, interpretada por **KATHARINE HEPBURN**

TALVEZ A piloto mais famosa da história, Amelia Earhart era destemida no ar e na terra.

Sua mãe recusava-se a criar as filhas para serem "boas moças", e a jovem Amelia regozijou-se com essa liberdade. Seu primeiro "voo" foi de cima do barracão do jardim em uma montanha-russa feita em casa. Ela combinou a paixão pelo perigo com a admiração por mulheres que conquistavam grandes feitos, colecionando um álbum de recortes com suas favoritas.

Ao sair da escola, em 1916, Amelia trabalhou como voluntária em um hospital militar, mas contraiu pneumonia, da qual demorou um ano para se recuperar. Durante a convalescença, assistiu a uma demonstração de um piloto da Primeira Guerra Mundial, o que despertou seu interesse pela aviação. Um ano depois, em uma viagem em um pequeno avião teve a certeza de que precisava aprender a voar.

Amelia mantinha vários empregos para arcar com as aulas. Cortou o cabelo curto, vestiu a jaqueta de couro, em seguida comprou um avião e obteve o brevê, em 1923. Progrediu rapidamente — em 1928, foi patrocinada pela rica herdeira e empenhada feminista Amy Phipps Guest para voar pelo oceano Atlântico, ainda que como passageira. Essa viagem transformou Amelia em uma celebridade, conseguindo o patrocínio de empresas como a Lucky Strike, de cigarros.

Tornou-se oficial da National Aeronautic Association, na qual lutou pelo registro de recordes exclusivamente femininos, e em 1932 foi a primeira mulher a cruzar o Atlântico pilotando sozinha. Suas inúmeras conquistas fizeram dela um exemplo para outras pilotos e contribuíram para a democratização da viagem aérea — muitos dos voos dos quais participou logo seriam transformados em rotas comerciais.

O grande sonho de Amelia era voar ao redor do mundo. A primeira tentativa foi abortada devido a um acidente na decolagem. Inabalável, ela tentou de novo. Em 2 de julho de 1937, no trecho entre a Nova Guiné e a ilha Howland, no Pacífico, ela e o navegador perderam contato com o rádio; apesar das buscas, nunca foram encontrados.

No entanto, Amelia deixou um poderoso legado, inspirando muitas mulheres a pilotar. Disse certa vez: "As mulheres devem se arriscar a fazer as coisas, como os homens fizeram. Quando falharem, seu fracasso deve ser visto como um desafio para as outras".

Uma das melhores amigas de Amelia era a política, diplomata e ativista Eleanor Roosevelt. As duas se conheceram em 1932 e escapuliam juntas da Casa Branca para ir a festas e voar em seus trajes de gala — ocasiões em que Amelia permitia a Eleanor controlar o avião por alguns minutos. Inspirada por Amelia, Eleanor quis aprender a pilotar, mas, após obter o brevê, nunca saiu do chão. Ambas apoiavam as causas das mulheres e contribuíam com as organizações uma da outra. Verdadeiras almas gêmeas.

AMELIA EARHART

FILANTROPA, ATIVISTA e escritora, Eleanor Roosevelt foi também a primeira-dama mais longeva dos EUA. Com inteligência, empatia e força, estabeleceu o padrão pelo qual as esposas de outros presidentes seriam avaliadas.

Sobrinha do presidente Theodore Roosevelt, aos 10 anos Eleanor já havia perdido a mãe e o irmão para a difteria, e o pai, alcoólatra, em razão de uma convulsão causada por um acidente. Ela era uma criança séria, consciente de suas responsabilidades, e se identificou com a diretora feminista de sua escola de aperfeiçoamento para moças.

Aos 19 anos, Eleanor conheceu Franklin D. Roosevelt, um primo distante, com quem compartilharia um casamento de quarenta anos e seis filhos. O relacionamento era abalado pela infidelidade de Franklin, mas, política e profissionalmente, Eleanor o apoiava. Ela cultivava fortes amizades com mulheres e ao menos com uma — a jornalista Lorena Hickok — teria tido um relacionamento amoroso.

Era presença constante ao lado de Franklin nas jornadas de campanhas, com frequência discursando e comparecendo no lugar dele. Era ótima nisso, conciliando bem a atuação no Partido Democrata com o emprego regular como professora em uma escola para meninas. Precisou desistir dessa ocupação quando Franklin se tornou presidente, mas, ao contrário das primeiras-damas predecessoras, seguiu com o trabalho que começara antes de se mudar para a Casa Branca. Discursava em convenções, escrevia uma coluna para uma revista e tinha um programa de rádio.

Eleanor logo começou a mergulhar no ativismo, lutando pelos direitos de grupos jovens, estabelecendo comunidades para mineiros marginalizados devido a agitações sindicalistas, combatendo campos de concentração nipo-americanos e tornando-se referência do florescente movimento por direitos civis. Ela preferia proporcionar autossuficiência a oferecer paternalismo via instituições de caridade.

Durante a Segunda Guerra Mundial, batalhou incansavelmente para levantar o moral das tropas e encorajar as mulheres a participarem do esforço de guerra. Em seguida à morte de Franklin, em 1945, apenas cinco meses antes do fim da guerra, foi denominada representante da ONU e, em 1947, diretora da Comissão de Direitos Humanos das Nações Unidas — dois cargos de peso. Também continuou a campanha pelo Partido Democrata e o ativismo social. Morreu aos 78 anos, na cidade de Nova York.

Uma das melhores amigas de Eleanor era a jornalista e editora Marie Mattingly Meloney. À morte de Marie, Eleanor escreveu: "Ela acreditava que as mulheres tinham um importante papel a desempenhar no futuro... Ajudou muita gente como eu a acreditar que podemos contribuir e que temos a obrigação de tentar evoluir".

KATHARINE HEPBURN

Era amiga e trabalhou em um filme governamental sobre a excelência das mulheres americanas com

ELEANOR ROOSEVELT

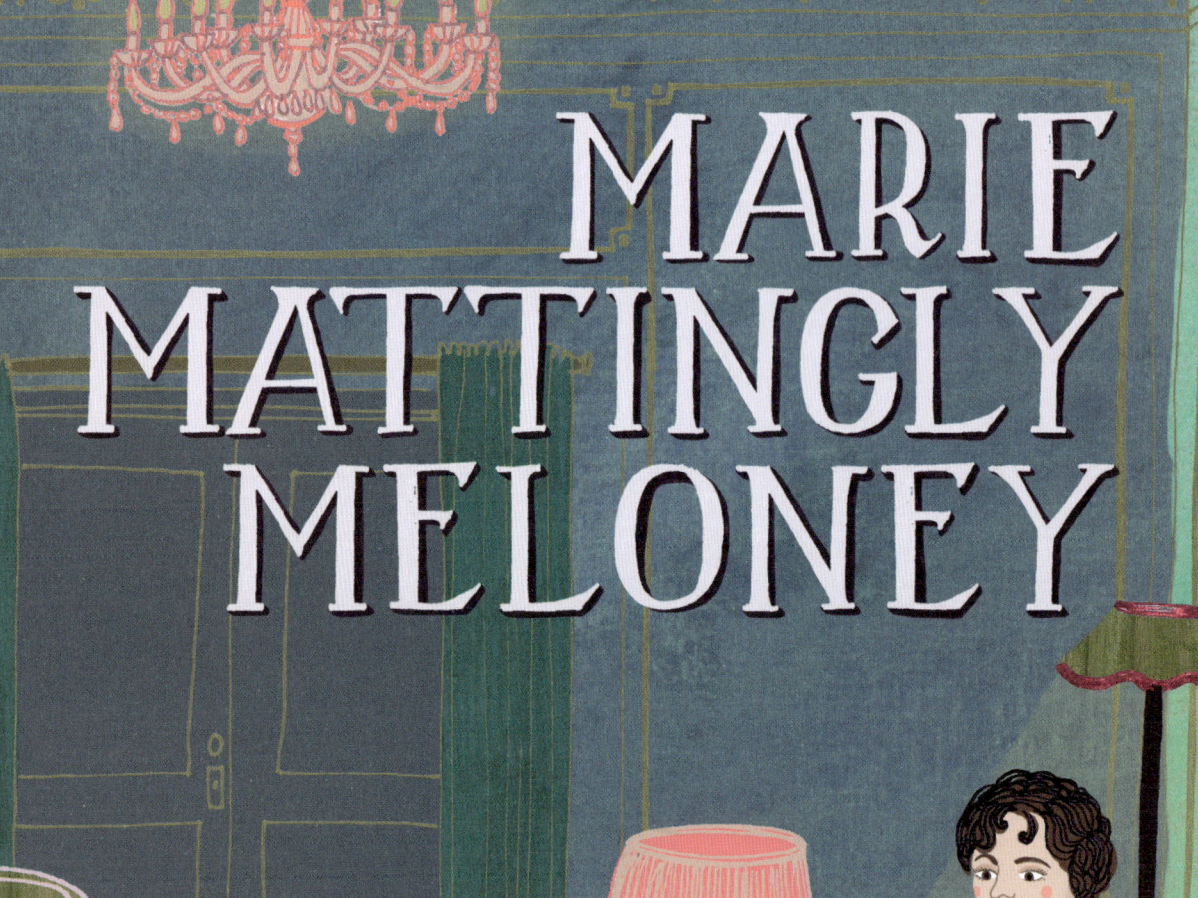

MARIE MATTINGLY MELONEY

MARIE MATTINGLY Meloney era determinada e talentosa e usava sua condição de jornalista para construir um mundo melhor.

Educada parcialmente pela mãe, que era editora, Marie conseguiu um emprego como repórter no *Washington Post* aos 16 anos e, aos 18, tornou-se chefe do escritório em Washington do *Denver Post*. Além de jovem, ela era pequena e frágil; devia ser impressionante vê-la cobrindo importantes convenções e sessões do Senado. Seu primeiro grande furo jornalístico foi o casamento não anunciado do almirante George Dewey, o qual descobriu por acaso.

Aos 22 anos, mudou-se para Nova York em plena Era do Jazz. Ali, juntou-se às equipes do *New York Sun* e do *New York World*, em seguida editou a *Woman's Magazine* e *The Delineator*. Ela era tudo menos uma repórter fria e imparcial: envolvia-se nas causas sobre as quais escrevia. Iniciou o movimento "Better Homes in America" [Casas Melhores na América], a fim de melhorar as condições de moradia dos desprivilegiados. Marie sempre esteve adiantada no debate sobre nutrição, planejando campanhas por uma alimentação saudável e advertindo sobre os perigos da anorexia e da obesidade.

Era destemida. Entrevistou Mussolini quatro vezes e, após Hitler cancelar uma reunião, recusou seu pedido de remarcar o encontro. Depois ainda repreenderia os nazistas por banir escritores e queimar livros. Aos 59 anos, ainda trabalhava com publicações, porém no mais glamoroso cenário, editando a revista *This Week* de sua suíte no hotel Waldorf Astoria.

Em 1920, entrevistou a "pálida e tímida" Marie Skłodowska Curie para *The Delineator*. À época, Curie estava desesperada para adquirir maior quantidade do elemento químico rádio, de modo que pudesse continuar a pesquisa sobre seus efeitos. O rádio era inacreditavelmente caro — 100 mil dólares por apenas um grama —, e Marie saiu da reunião decidida a angariar o montante. Em um ano, após uma campanha expressa que solicitou muitas doações pequenas de mulheres de todo o país, o financiamento foi bem-sucedido. Curie recebeu sua tão desejada substância, oferecida a ela em uma caixa de mogno forrada com chumbo. As duas mulheres tornaram-se amigas íntimas, inclusive conhecendo o presidente Warren Harding juntas, e Marie colaborou para que Curie lançasse um livro, que rendeu ainda mais dinheiro à sua pesquisa.

Citada como inspiração em *O segundo sexo* por

SIMONE DE BEAUVOIR

MARIE CURIE foi não apenas a primeira mulher a receber um Prêmio Nobel, mas também a primeira a ganhá-lo duas vezes, e a única pessoa a fazê-lo em duas áreas diferentes — física e química.

Marie nasceu Maria Salomea Skłodowska em uma família pobre: os pais, professores, haviam perdido todo o dinheiro durante os levantes nacionais poloneses. O avô e o pai educaram Marie e os quatro irmãos em casa. Aos 10 anos, ela entrou na escola e era boa aluna, mas o fato de ser mulher prejudicou o sonho de cursar uma universidade. Marie trabalhou muito como governanta para ganhar dinheiro e ir a Paris continuar os estudos, todo o tempo devorando informações, animada com o processo de aprendizagem.

Aceita na Sorbonne em física e matemática, Marie morava em um sótão congelante e continuava a atuar como tutora, às vezes chegando a desmaiar por desnutrição. Obteve dois diplomas e então conheceu Pierre Curie. Eles se casaram em 1895 — Marie usou um vestido azul-marinho, que se tornaria seu uniforme de laboratório —, e o casal teve dois filhos.

Marie e Pierre formaram uma equipe formidável. Pesquisavam substâncias radiativas, tendo cunhado a palavra "radiatividade" e descoberto dois novos elementos — o rádio e o polônio (batizado em homenagem ao país natal de Marie). Em 1903, com Henri Becquerel, ganharam o Nobel de Física pelo trabalho conjunto. Os Curie não gostavam de publicidade e se sentiam desconfortáveis em receber dinheiro — recusavam-se a patentear suas descobertas devido ao valor que elas poderiam ter para a ciência e a saúde mundial —, mas acabaram viajando para Estocolmo a fim de fazer a palestra requisitada pelo Nobel e recolher o prêmio em dinheiro, que investiram em pesquisa.

Uma tragédia ocorreu em 1906, quando Pierre morreu atropelado por um carro. Marie assumiu a cátedra de física que ele ocupava na Universidade de Paris, onde conseguiria isolar o rádio, feito pelo qual conquistou o Nobel de Química. Dessa vez, a Academia Sueca não fez tanta questão em recebê-la — Marie protagonizava então um escândalo por estar envolvida com um homem casado, Paul Langevin.

Durante a Primeira Guerra Mundial, Marie desenvolveu unidades de radiografia móveis para uso em campos de batalha, fornecendo rádio do seu próprio suprimento. Após o armistício, recebeu patrocínio do governo para continuar as pesquisas e rodou o mundo palestrando. Ela adoeceu por causa da longa exposição à radiação e, em 1934, morreu de anemia aplástica. A filha e o genro ganharam o Nobel de Química no ano seguinte.

Em 1934, o ano em que Marie faleceu, uma estudante de matemática da Universidade de Nanquim inspirou-se nessa grande cientista e transferiu-se para o curso de física. Chien-Shiung Wu ficaria conhecida como a "Marie Curie Chinesa". Como Marie, Chien-Shiung era modesta e não buscava a fama, preferindo deixar que sua pesquisa e suas conquistas falassem por si sós.

MARIE SKŁODOWSKA CURIE

CHIEN-SHIUNG, OU "valente heroína", mais do que honrou seu nome, imergindo no desconhecido a fim de estudar e realizar pesquisas revolucionárias em física nuclear.

Nasceu em uma época turbulenta na China — logo após a Revolução Xinhai, que derrubou a última dinastia imperial do país. O pai, professor, incentivava seus estudos, e a habilidade de Chien em matemática e ciência transparecia. Após um período em Nanquim, ela partiu para os EUA em 1936 a fim de estudar na Universidade de Michigan, mas acabou atraída pela Universidade da Califórnia, em São Francisco, graças ao novo acelerador de partículas do local. Lá, Chien completou o doutorado e casou-se com o colega físico Luke Chia-Liu Yuan, neto do primeiro presidente da China.

Chien deparou-se com forte racismo e machismo — expressados tanto de maneira velada como abertamente. Sentia saudades da China, tinha dificuldades com o inglês e usava tradicionais vestidos *qipao* sob o jaleco de laboratório. Além disso, com a invasão japonesa em seu país, em 1937, ficou sem notícias da família durante oito anos.

Em março de 1944, uniu-se ao Projeto Manhattan da Universidade de Colúmbia, solucionando um problema crucial na corrida americana pelo desenvolvimento das primeiras armas nucleares.

Após a Segunda Guerra Mundial, propuseram a Chien permanecer na Universidade de Colúmbia, onde ela pesquisou o decaimento beta. Sua obsessão por detalhes levou a resultados excelentes e foi fundamental para que ela comprovasse o princípio da conservação da paridade. Dois de seus colegas receberam o Nobel pelo trabalho nessa área, mas — motivo de controvérsia — Chien foi ignorada pela honraria. Ganharia, porém, outros prêmios, incluindo o Wolf e o Tom W. Bonner.

Chien aposentou-se na universidade, mas continuou ativa, promovendo a presença feminina em ciência, tecnologia, engenharia e matemática nos EUA, na China e em Taiwan, além de criticar abertamente o massacre na praça da Paz Celestial.

Muitos atribuíram ao machismo a decisão da Academia Sueca de desconsiderar a obra de Chien ao conceder o Prêmio Nobel. Tais acusações abalaram a reputação da premiação. A pesquisadora nuclear Lise Meitner — cujo trabalho pioneiro na Alemanha preocupava o presidente americano Roosevelt a tal ponto que isso levou à criação do Projeto Manhattan — também acabou excluída de uma premiação em 1944, quando seu companheiro de pesquisa, Otto Hahn, ganhou uma medalha pelo trabalho em química.

CHIEN-SHIUNG WU

LISE

109
Mt

MEITNER

$^{92}_{36}Kr$

3^1_0n

$^{141}_{56}Ba$

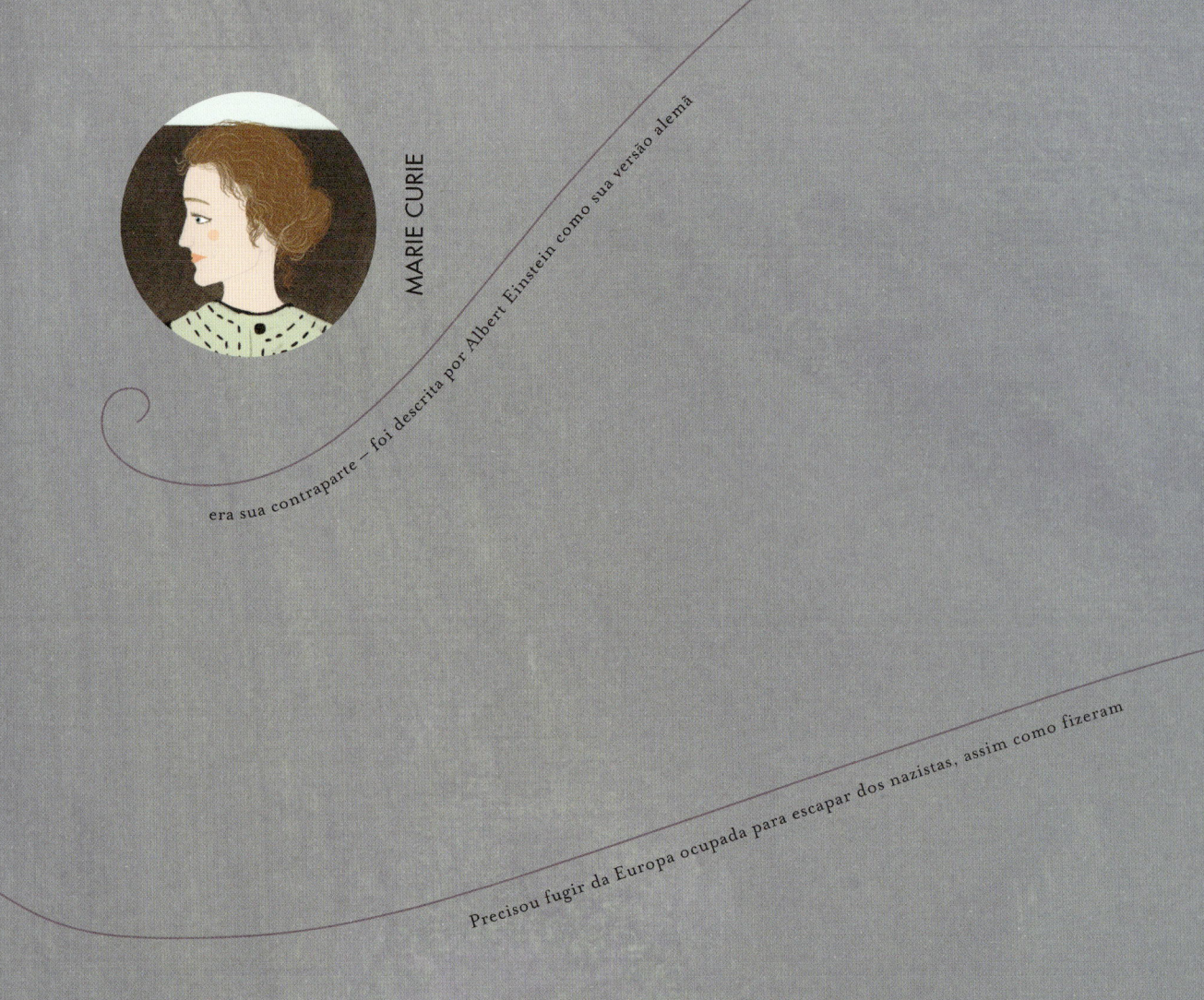

MARIE CURIE era sua contraparte – foi descrita por Albert Einstein como sua versão alemã

Precisou fugir da Europa ocupada para escapar dos nazistas, assim como fizeram

APESAR DE a pesquisa de Lise Meitner ter tido um papel preponderante na criação da bomba atômica, ela ficou conhecida como a cientista que, de acordo com seu epitáfio, "nunca perdeu a humanidade".

Nascida em Viena, Áustria, em uma família abastada que lhe apoiava, Lise tornou-se a segunda mulher a obter um diploma em física pela universidade local. Seguiu então para estudar em Berlim, onde o físico Max Planck permitiu-lhe que assistisse às suas palestras e a contratou como assistente. Ali, ela conheceu o cientista Otto Hahn, e formaram uma parceria. A dupla transferiu-se para o Instituto de Química Kaiser Wilhelm, apesar de Lise não receber salário e ser obrigada a trabalhar em um depósito de vassouras até ameaçar se demitir.

Em 1917, ela e Otto descobriram o protactínio, e Lise ganhou a própria seção de física no instituto.

Em 1926, seria a primeira mulher na Alemanha a se tornar professora titular de física. Por trinta anos, Lise e Otto batalhariam para revelar elementos "pesados" – primeiros estágios da descoberta da energia nuclear.

Lise era judia, e a onda de antissemitismo se intensificava. Em 1938, aos 60 anos, foi forçada a abandonar uma pesquisa revolucionária e fugir da Alemanha para a Suécia apenas com pertences básicos. Correspondia-se com Otto, e os dois seguiram juntos na pesquisa – até onde Lise sabia, continuava sendo parte da equipe.

Começou a trabalhar com o sobrinho, Otto Frisch, e em conjunto articularam uma explicação para o processo radioquímico que Hahn e o colaborador Fritz Strassman haviam revelado, denominando-o "fissão nuclear". A descoberta seria usada por muitos países como fonte de

CLAUDE CAHUN

LEONORA CARRINGTON

ELSA SCHIAPARELLI

energia, mas também em bombas.

Lise recusaria uma oferta americana para participar do Projeto Manhattan, destinado ao desenvolvimento de armas, e lamentava o ocorrido em Hiroshima, dizendo "sentir muito pelo fato de a bomba ter sido inventada".

Otto Hahn ganhou o Nobel de Química em 1944 pela descoberta da fissão nuclear. As deliberações do comitê foram finalmente publicadas em 1999, quando se tornou evidente que as contribuições de Lise haviam sido desconsideradas por preconceito, ignorância e por sua mudança apressada para outro país. À época, Lise ficou brava, mas, apesar de alguns conflitos, permaneceu amiga de Otto. Em 1997, passados 29 anos de sua morte, um elemento foi nomeado em sua homenagem: o meitnério.

Após se mudar para Estocolmo, Lise viajava ocasionalmente para Copenhague, onde colaborava com o colega pesquisador nuclear Niels Bohr no instituto dele. Na verdade, foi Niels quem divulgou a fissão nuclear para os EUA, tirando um pouco do mérito de Meitner e Frisch.

Em 1943, Niels também foi forçado a escapar para a Suécia. Uma biografia de 2013 sobre a estrela de cinema Greta Garbo alegou que ela teria intervindo pessoalmente ao ligar para o rei Gustavo V a fim de ajudar Niels a sair da Dinamarca. No livro, também é dado a Garbo o crédito de ter identificado colaboradores nazistas em Estocolmo. Alguns dizem que esse trabalho teria sido obra de outra espiã, que usava o nome de Greta como codinome. Porém, considerando a incrível história de vida da atriz, as raízes suecas e o caráter discreto, a lenda aparentemente fantástica pode muito bem ser verdadeira.

ETÉREA, MAS assertiva, Greta Garbo era um exótico antídoto europeu para as massificadas atrizes americanas. Seu bordão "Eu quero ficar sozinha" ressoou por toda sua vida – ela detestava as armadilhas do estrelato.

Greta Lovisa Gustafsson nasceu em uma família pobre na Suécia. Sua beleza gélida foi notada pela primeira vez quando a escolheram para aparecer em comerciais na época em que trabalhava como vendedora em uma loja de departamentos. Isso resultou em um papel em um filme, que, por sua vez, levou Greta à escola de teatro. Quando o diretor Mauritz Stiller a escalou para *A saga de Gösta Berling*, os dois iniciaram uma parceria que a direcionaria para os EUA.

A carreira de Greta estourou quando Louis B. Mayer, dos estúdios MGM, iniciou uma busca por talentos europeus. Mauritz e Greta o conheceram em Berlim, e ele contratou os dois. Logo depois, eles viajaram de navio para os EUA. Seis meses se passaram antes que Greta conseguisse participar de um teste, mas os resultados foram imediatos: após um trato na aparência e aulas de locução, a luminosa estrela estava pronta para brilhar.

E como. Greta era mestra em transmitir emoções complexas por meio das mais discretas expressões. Seu primeiro filme, *Laranjais em flor*, foi um sucesso, e daí se seguiu uma série de papéis sedutores e repletos de erotismo que a instituíram como uma lenda dos filmes mudos. No entanto, seu caráter fechado e recluso já começava a emergir – ela pedia que biombos a resguardassem enquanto filmava cenas dramáticas.

Ao contrário de muitas de suas contemporâneas com vozes histéricas, Greta sobreviveu à passagem do cinema mudo para o sonoro, atuando em mais treze filmes da MGM. Foi indicada quatro vezes ao Oscar, mas nunca compareceu às cerimônias. Mesmo quando ganhou um prêmio honorário, não deu as caras. Ela detestava festas, nunca concedeu um autógrafo e temia multidões. Realizou o último filme, *Duas vezes meu*, aos 36 anos, aposentou-se em Manhattan, Nova York, e morreu com 84 anos.

Greta optou por estar sozinha na maior parte da vida; nunca se casou ou teve um companheiro. O relacionamento com o ator John Gilbert, na década de 1920, foi seu romance mais duradouro. Porém, ela teve outros envolvimentos: o maestro Leopold Stokowski, a atriz de cinema Louise Brooks, o fotógrafo Cecil Beaton e o milionário russo George Schlee. Greta também compartilhou um longo e apaixonado relacionamento com a escritora Mercedes de Acosta, de quem foi amiga por trinta anos.

KATHARINE HEPBURN e Greta gostavam de correr juntas, aos 70 anos

Greta Garbo

3972
xx

Mercedes
de
Acosta

xxx

viajou de férias para o México com Mercedes

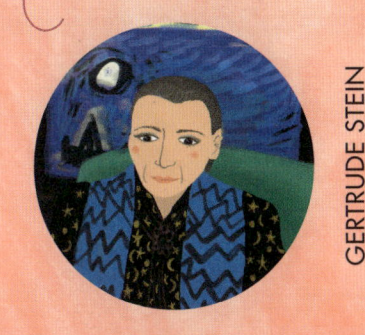

GERTRUDE STEIN

DOROTHY PARKER

estudou na mesma escola

ADOTANDO IDEIAS ao menos quarenta anos à frente de sua época, mas com frequência desconsiderada por seus contemporâneos, Mercedes era lésbica com orgulho, vegetariana que se recusava a vestir peles, proeminente sufragista e estudante de filosofias e religião orientais.

Nascida em Nova York, em uma família de origem cubana que frequentava a alta sociedade, Mercedes estudou em Manhattan, tendo Dorothy Parker como colega. Mesmo quando criança, seu visual impressionava — ela se vestiu como menino até os 7 anos. Quando tinha 5 anos, o gerente teatral Augustin Daly a avistou na Catedral de São Patrício e ofereceu-se para adotá-la.

Com 26 anos, Mercedes publicou um livro de poesia, *Moods* [Humores], além de duas outras coletâneas, quase uma dúzia de peças (das quais apenas quatro foram encenadas) e um romance. Porém, ficou mais conhecida mesmo por seus relacionamentos amorosos. Como a amiga Alice B. Toklas disse: "Falem o que quiser de Mercedes, mas ela conquistou as mulheres mais importantes do século XX".

O histórico romântico de Mercedes parece a lista de convidados de uma festa hollywoodiana: Eva Le Gallienne, Alla Nazimova, Marlene Dietrich. Mercedes tornou a homossexualidade feminina algo chique e moderno. Chamava a atenção com um estilo protogótico, desfilando pelas ruas de Manhattan vestindo calça, sapatos pontudos com fivela, chapéu de três pontas e capa, combinados a um rosto pálido, lábios vermelhos e cabelos negros brilhantes modelados para trás. Tallulah Bankhead a chamava de Condessa Drácula.

Aos 38 anos, Mercedes conheceu Greta Garbo, por quem se apaixonou profundamente. Seu relacionamento de doze anos foi tempestuoso e instável. As duas passavam muito tempo juntas, mas depois Greta afastou a "obcecada" Mercedes, enviando-lhe cartas nas quais implorava para que a deixasse em paz. Greta supostamente tinha pavor de que Mercedes expusesse sua vida privada.

Na década de 1930, Mercedes tornou-se amiga de um guru indiano, Meher Baba, e desenvolveu interesse profundo pela filosofia hindu. Praticava ioga e viajou à Índia para conhecer Maharishi, o fundador da Meditação Transcendental.

Chegando ao fim da vida, adoeceu e viu-se forçada a vender seus diamantes para pagar as despesas médicas. A fim de levantar fundos, também escreveu uma biografia reveladora que lhe custou muitos amigos. Ainda assim, manteve o ar travesso que encantava a tantos, entre eles Andy Warhol. Um dos romances mais longevos de Mercedes foi com a dançarina Isadora Duncan, a quem conheceu em 1917 em Nova York e escreveu um poema apaixonado e despudoradamente sensual que exaltava as virtudes dos "lábios delgados" e das "partes secretas" de sua "Arcanja".

ESPÍRITO LIVRE e excêntrico, Isadora Duncan trouxe alegria ao mundo da dança e adorava a vida boêmia.

Nascida em São Francisco, aos 6 anos começou a dar aulas de dança em seu bairro. A abordagem de Isadora à dança era livre — ela não teve treinamento formal, preferindo interpretar a música com sentimento e improvisação —, e seus movimentos mais marcantes eram corridas e saltos. Isadora saiu de casa ainda adolescente, indo morar em Chicago e depois em Nova York. Por causa do estilo de dança pouco convencional, teve dificuldades em encontrar trabalho no balé ou no teatro.

Viajou para Londres em 1898, onde estudou mitologia grega e perambulava por entre as estátuas do British Museum em busca de inspiração. Influenciada pela natureza e por rituais ancestrais, rejeitava as convenções do balé, clamando por seu fim, e apresentava-se descalça usando túnicas e togas, envolta em xales.

Ainda sem ser aceita pelo sistema de dança tradicional, Isadora apresentava-se em casas particulares, mas a fama veio quando a dançarina moderna Loie Fuller levou-a em turnê pela Europa.

Isadora teve dois filhos: uma menina, com o cenógrafo de teatro Gordon Craig, e um menino, com o herdeiro das máquinas de costura Paris Singer. Tragicamente, em 1913, os irmãos faleceram quando o carro em que estavam com a babá caiu no rio Sena.

Ela buscou redenção no trabalho. Com o sucesso de suas apresentações, inaugurou escolas de dança. A primeira, na Alemanha, trouxe seis "Isadoráveis", pupilas que ela adotou.

Bissexual, ateia e comunista fervorosa, em 1921 mudou-se para a Rússia, onde conheceu o poeta Serguei Iessienin, com quem se casou. Dois anos após se separarem, ele cometeu suicídio.

Os últimos anos de Isadora seriam de grande tensão emocional. Frequentemente embriagada,

ISADORA DUNCAN

teve uma série de relacionamentos amorosos bastante públicos e viveu um período instável na França. Morreu aos 50 anos, quando a longa echarpe que usava em torno do pescoço ficou presa nas rodas do carro conversível em que passeava, puxando-a para fora do veículo. Ao saber da notícia, a escritora Gertrude Stein comentou, de modo insensível: "Afetações podem ser perigosas". As duas foram criadas em Oakland, Califórnia, nos anos 1880, mas só se conheceram nos salões europeus. Gertrude imortalizou Isadora ao retratá-la em "Orta or One Dancing" [Orta ou uma dança], um escrito fluido e repetitivo que ecoa e representa seus movimentos soltos e únicos.

TAMARA ROJO a representa na peça *Five Brahms waltzes in the manner of Isadora Duncan*

GERTRUDE

STEIN

COCO CHANEL

Sua poesia inspirou

GEORGIA O'KEEFFE

ÍCONE DO Modernismo, com uma personalidade magnética, a escritora Gertrude Stein era uma colecionadora ávida — de arte e de pessoas.

Cresceu na Europa e em Oakland, na Califórnia. De família rica, tinha uma relação particularmente próxima com o irmão. Os pais morreram quando ainda era adolescente, de modo que foi morar com o tio em Baltimore, Maryland. Inteligente, graduou-se pelo Radcliffe College, onde conduziu experimentos que obscureceram seu estilo de escrita, o qual dava livre vazão ao fluxo de consciência. Então estudou medicina na Johns Hopkins, onde entrava em conflito com os professores devido à sua visão liberal das coisas; largou o curso antes de se formar.

Gertrude, sua parceira Alice B. Toklas e o irmão Leo mudaram-se para a França, onde estabeleceram um lar juntos e começaram a colecionar arte. As altas paredes do apartamento em Paris ficaram repletas de coloridas pinturas modernas — Cézanne, Gauguin, Renoir, Picasso, Matisse, Toulouse-Lautrec. Como consequência, durante muitas décadas a casa tornou-se ponto de encontro de promissores artistas e escritores — em uma noite de sábado qualquer, poderiam estar lá reunidos Henri Matisse, Ezra Pound, Pablo Picasso, F. Scott Fitzgerald, James Joyce e Ernest Hemingway, discutindo arte e literatura. Em 1914, parcialmente devido ao intenso relacionamento com Alice, Gertrude rompeu com o irmão, e eles dividiram a coleção e ficaram praticamente sem se falar.

A carreira literária de Gertrude é quase secundária em relação à sua vida social e ao mecenato, mas sua poesia modernista e de fluxo

SYLVIA BEACH

COLETTE

JOSEPHINE BAKER

Integrava a sociedade parisiense de 1920 com

ELSA SCHIAPARELLI

CLAUDE CAHUN

de pensamento livre foi publicada a partir de 1909. O único sucesso comercial, porém, foi *A autobiografia de Alice B. Toklas*.

Durante a Primeira Guerra Mundial, Alice e Gertrude dirigiram ambulâncias ao lado de Ernest Hemingway e E.E. Cummings. Em 1934, embarcou em uma turnê de palestras pelos EUA e continuou a sediar eventos para artistas e escritores no apartamento de Paris — aliás, ela o faria até a morte, aos 72 anos.

Outra integrante do grupo parisiense de Gertrude Stein era a livreira e editora Sylvia Beach. Stein era cliente da livraria de Sylvia, a Shakespeare and Company, e esta frequentava os salões da primeira. A loja servia como outro ponto de encontro para a elite literária romântica e entreguerras de Paris. Aquela era uma época em que artistas, poetas e filósofos apinhavam as ruas da Margem Esquerda, colaborando, deliberando e regozijando-se em sua arte. Sylvia Beach escreveu sobre Stein e Toklas no livro *Shakespeare and Company: uma livraria na Paris do entreguerras*, um memorial daquela Paris. "Gertrude Stein tinha tanto charme", disse uma vez, "que ela podia com frequência, apesar de não sempre, sair impune aos mais monstruosos absurdos, os quais pronunciava com certa malícia infantil".

A VIDA de Beach quase parece uma versão real de uma obra ficcional: garota se muda para Paris, apaixona-se, abre uma livraria e publica um dos livros mais controversos já escritos em língua inglesa. Mas nós dissemos "quase".

A família de Sylvia era religiosa. Ela nasceu em uma residência paroquial, e o pai pertencia a uma longa linhagem de pastores de Maryland. Eram todos apaixonados pela França e passavam longos períodos em Paris. Sylvia adorava a Europa e foi morar na Espanha. À eclosão da Primeira Guerra Mundial, voluntariou-se para a Cruz Vermelha e serviu nos Bálcãs.

De volta a Paris, começou a estudar literatura; foi quando fez uma incursão na La Maison des Amis des Livres, livraria e biblioteca gratuita especializada em literatura francesa moderna, administrada por Adrienne Monnier, então com 23 anos. Sylvia sentiu-se inspirada tanto por Monnier — as duas formaram um casal — quanto por La Maison. Não tinha verba disponível para abrir uma livraria nos EUA, então decidiu montar uma em Paris que vendesse livros em inglês: a Shakespeare and Company.

Era um lugar dos sonhos — poltronas acolchoadas, pilhas de livros, raios de sol entrando pelas janelas. Escritores se reuniam ali, atraídos pela gentileza de Sylvia. Ela emprestava dinheiro àqueles com dificuldades e mantinha uma cama no quarto dos fundos para os desabrigados.

Henry Miller, acompanhado da amante e editora Anaïs Nin, levou para lá um rascunho de *Trópico de Câncer*, enquanto, menos amigavelmente, Ernest Hemingway lançou um vaso de tulipas sobre uma pilha de livros novos após ler um artigo desfavorável sobre si mesmo intitulado "The Dumb Ox" [O boi burro].

A loja sediava frequentes recitais que atraíam tipos como André Breton e James Joyce. Este, aliás, tornou-se bom amigo de Adrienne e Sylvia, e, uma vez que não conseguiu encontrar uma editora para seu controverso *Ulisses*, Beach interveio e o publicou.

A livraria fechou quando as tropas alemãs invadiram Paris. Sylvia, que então havia se mudado

SYLVIA BEACH

do apartamento de Adrienne, passou seis meses em um campo de concentração por empregar uma assistente judia, saindo após a Libertação. Adrienne e Sylvia continuaram amigas, mas não namoradas, e passavam muito tempo juntas até o suicídio de Adrienne, em 1955. Um ano depois, Sylvia escreveu suas memórias, *Shakespeare and Company: Uma livraria na Paris do entreguerras*. Morreu em Paris em 1962.

Duas frequentadoras dos salões de Sylvia, que também eram amigas íntimas dela e de Monnier, eram Claude Cahun e Marcel Moore, irmãs por afinidade e namoradas. A fotógrafa Claude havia feito um retrato de Sylvia à inauguração de sua livraria, e acredita-se que ocasionalmente trabalhasse na Shakespeare and Company. Ela possuía um cartão de registro da loja.

SIMONE DE BEAUVOIR

era uma grande amiga

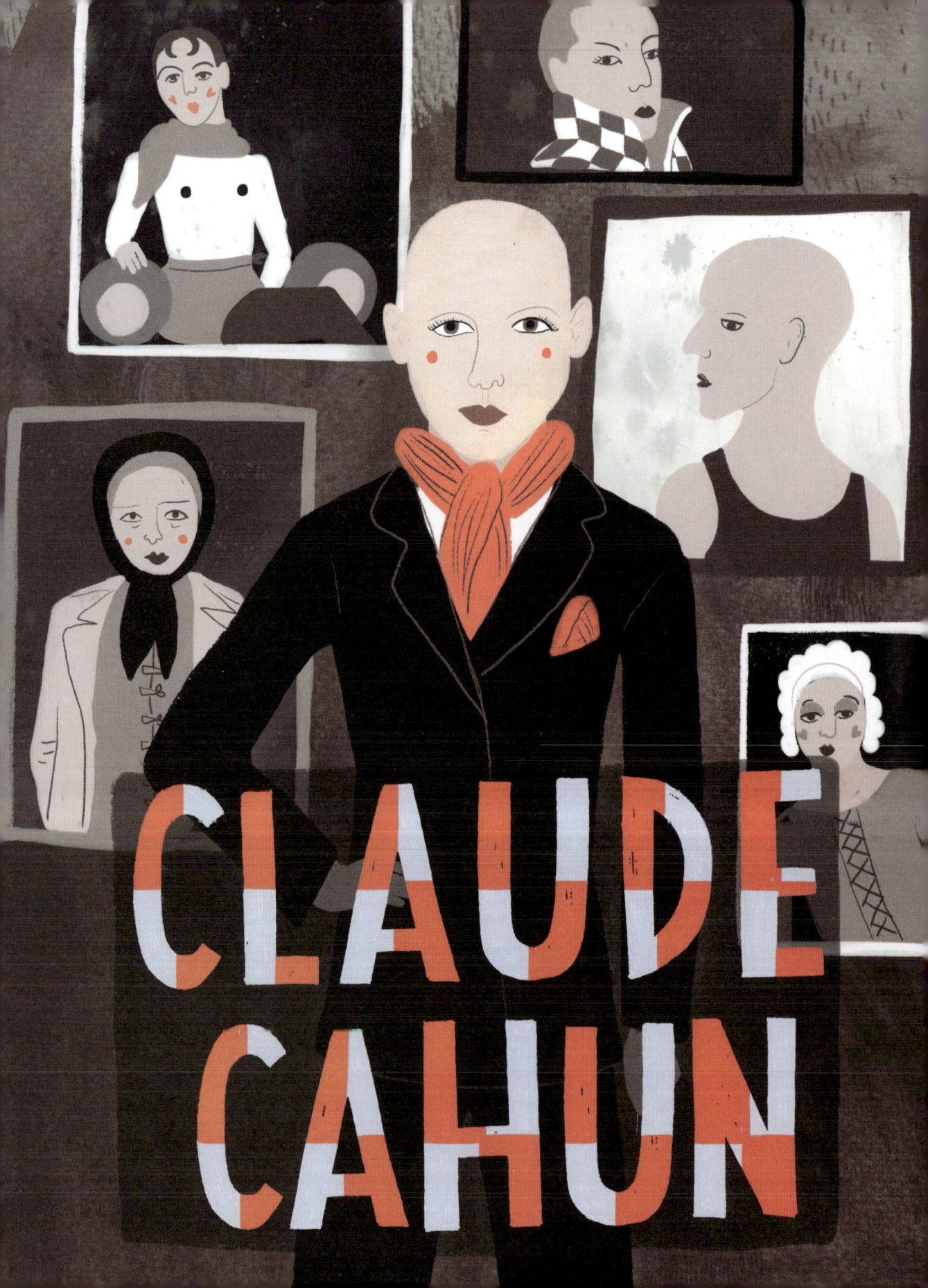

CLAUDE CAHUN

KATI HORNA

Pioneira da fotografia surrealista, assim como

MUITO À frente de seu tempo, a arte surrealista de Claude Cahun mostra-se intensamente obcecada por Claude Cahun. Mas, se você fosse lésbica, judia e marxista no início do século XX, e ainda apaixonada pela própria irmã por afinidade, provavelmente também produziria arte surreal e autorreflexiva.

Claude Cahun nasceu Lucy Schwob, na França, em uma família afligida por doenças mentais. Estudou em uma escola no sul da Inglaterra e, depois, na Sorbonne. Durante a adolescência, o pai casou-se novamente, e Claude acabou dividindo a casa com Suzanne Malherbe, que mais tarde se tornaria Marcel Moore. As duas meninas logo se viram obcecadas uma pela outra e partilhariam um amor que duraria a vida toda. Claude era do gênero neutro [não binário], ou "neuter", como ela o descrevia: "Embaralhe as cartas. Masculino? Feminino? Depende da situação".

Claude e Marcel eram mais do que amantes — eram tudo uma para a outra. Organizavam salões juntas em Paris e colaboravam com as respectivas artes. Em vida, Cahun ganhou fama principalmente como escritora, mas o trabalho nas artes visuais é seu verdadeiro legado. Ela vinculava a estética do Surrealismo a autorretratos narcísicos, nos quais assumia diferentes *personas*: fisiculturista de circo, menininha com laços no cabelo, vampiro e marionete japonesa.

A arte de Claude e Marcel estava à margem do convencional — elas participaram da exposição surrealista na Galerie Ratton em 1936, mas não receberam a publicidade destinada a outros, o que as frustrou. Em 1937, partiram para a ilha de Jersey. Continuaram produzindo arte, mas a sombra da guerra envolveu a ilha em 1940, com a invasão dos nazistas, e o casal concentrou-se na resistência.

O movimento de resistência exclusivo de Claude e Marcel ultrapassou a arte para chegar à política. Elas se intitularam "Der Soldat ohne Namen", ou "O soldado sem nome", e criaram panfletos e colagens provocativos, os quais, disfarçadas de senhorinhas, inseriam nos bolsos de soldados, em pacotes de cigarro e por frestas da janela de carros oficiais. Em 1944, foram presas e condenadas à morte. Por sorte, o fim da guerra estava por vir. Em 1945, foram soltas. Claude morreu em 1954.

O auge da carreira de Claude foi a exibição de alguns objetos fortemente simbólicos na Exposition Surréaliste d'Objèts, na Galerie Ratton, em 1936. Outro participante da mostra era Salvador Dalí, amigo e parceiro surrealista de Claude que frequentava os mesmos círculos sociais. Como ela, Dalí era um colaborador entusiasta, profundamente inspirado por sua musa Gala Dalí, sobre quem disse um dia: "É basicamente com seu sangue, Gala, que produzo meus quadros".

Grande amiga de

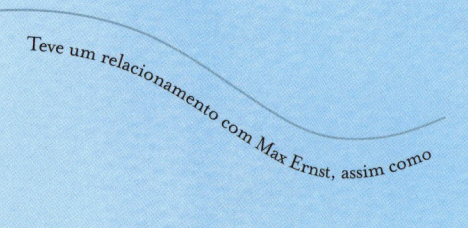

LEONORA CARRINGTON

COCO CHANEL

Teve um relacionamento com Max Ernst, assim como

MUSA SELVAGEM, aventureira romântica e astuta publicitária, Gala, dotada de mistério e magnetismo, inspirou alguns dos maiores pintores e escritores do mundo.

Elena Ivanovna Diakonova, mais tarde conhecida como Gala, cresceu em Moscou, tornando-se professora, até que o destino interveio em sua vida. Ao contrair tuberculose, ela foi tratada no sanatório de Clavadel, na Suíça, onde conheceu o poeta em ascensão Paul Éluard, que lhe deu o apelido de Elena "Gala", da palavra francesa que significa "triunfo" ou "festival". Os dois estabeleceram um relacionamento baseado no amor pelos livros e casaram-se em 1917. Moravam em Paris e tiveram uma filha, apesar de Gala não apreciar a maternidade. Paul a apresentou a alguns dos maiores nomes do movimento surrealista, mas seu interesse pelo grupo acabou sendo mais do que artístico, e em 1922 ela iniciou um relacionamento com Max Ernst, que duraria dois anos.

Em 1929, Gala e Paul passaram o verão com um pintor emergente, Salvador Dalí. Para Gala e Dalí – dez anos mais jovem que ela –, foi amor à primeira vista. Casaram-se em 1934 e permaneceram juntos até a morte de Gala. O relacionamento, porém, era tudo menos monogâmico.

Eles, indiscutivelmente, se amavam. Dalí inspirava-se em Gala para criar suas obras, regurgitando-a na tela – sobretudo no icônico *Galarina*, no qual ela aparece mostrando um dos seios. Ele assinava o nome da esposa ao lado do seu nos quadros e criaria um conjunto de símbolos que representam suas iniciais. Também dizia que Gala atuava como sua agente. Mas Dalí possuía uma sexualidade complicada. Sentia repulsa pela genitália feminina; era virgem quando conheceu Gala e excitava-se ao observar a mulher com outros homens. Gala, com seu forte ímpeto sensual, satisfazia-o com prazer. Mantinha inúmeros casos com jovens artistas e continuou a dormir com o ex-marido, Paul.

Em 1968, Dalí comprou um castelo para Gala, o Púbol, em Girona, que se tornou sua casa de veraneio. Ela o proibiu de visitá-la e, mesmo com quase 80 anos, recebia jovens amantes na piscina decorada com bustos de Richard Wagner.

O relacionamento de Gala e Dalí ficou mais tenso. A aposentadoria o frustrou e tornou-o menos tolerante com os amantes da parceira, por fim agredindo-a e causando-lhe uma fratura no quadril – um final triste e amargo para uma bela história de amor. Gala morreu de gripe em 1982 e foi sepultada no terreno do castelo.

Uma das colaboradoras mais próximas de Dalí era Elsa Schiaparelli. A estilista italiana usou os desenhos de Dalí para criar o "vestido lagosta" – traje estampado com um enorme crustáceo. Também trabalhou com ele para produzir uma peça com formato de salto alto – o "chapéu-sapato" –, que Gala guardou para si, e o "vestido lágrimas", cuja estampa dava a impressão de ser a própria carne dilacerada.

GALA
DALÍ

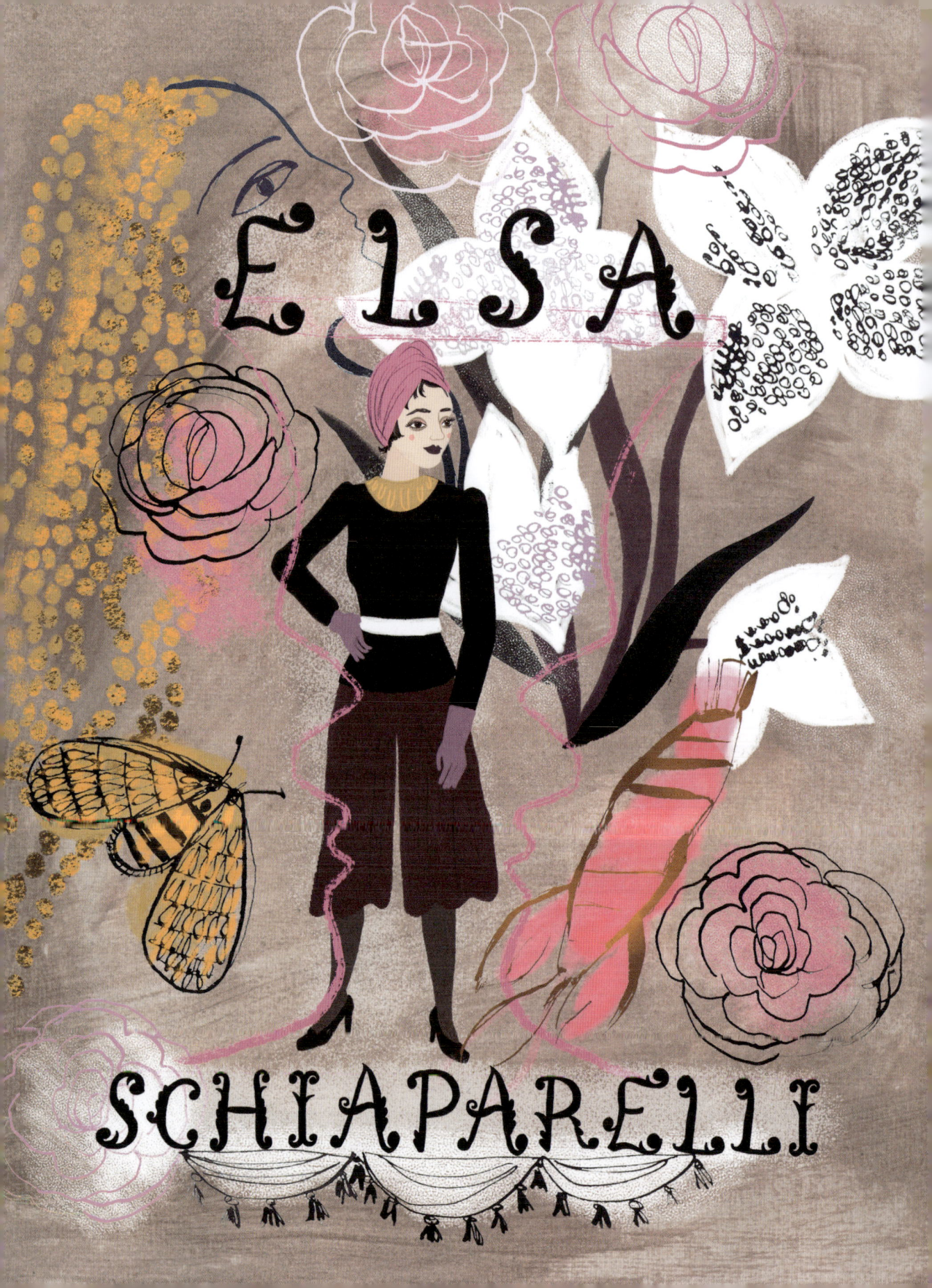

ELSA SCHIAPARELLI

Desenhou roupas para

GRETA GARBO

UMA DAS estilistas mais ousadas de todos os tempos, Elsa Schiaparelli criou peças de alta-costura que eram mais arte do que roupa.

Elsa possuía origem aristocrática e erudita; porém, detestava a atmosfera rarefeita de sua casa em Roma e, aos 22 anos, fugiu para trabalhar em uma creche em Londres e evitar o casamento arranjado pelos pais com um aristocrata russo. Um ano depois, casou-se com o falso guru polonês-suíço Willem de Wendt, com quem teve uma filha, a qual recebeu o encantador apelido de Gogo. O casal se separou após seis anos.

Em 1922, depois de um curto período em Nova York, Elsa mudou-se para Paris e começou a se envolver com o design de roupas. Apesar de não ter tido educação formal, sua habilidade artística e o olhar para a modernidade concederam às peças algo de especial. Ela inaugurou a própria loja em 1927, e a carreira decolou com uma coleção de malhas adornadas com imagens surreais.

A sagacidade de Elsa tornou-a a queridinha da cena social artística de Paris, e ela transmitiu o mesmo espírito para as roupas. No entanto, as peças chamativas com frequência faziam com que suas contribuições mais práticas à moda fossem obscurecidas — ela criou o vestido-envelope e os zíperes visíveis, além de usar inovadores tecidos sintéticos.

Mas foi no domínio olfativo que Elsa reinou. O perfume Shocking de Schiaparelli vinha em um frasco inspirado nas curvas de Mae West e nas pinturas de Dalí, tudo na embalagem *pink* que era a marca registrada de Elsa. Seu tino para o marketing contribuiu para o sucesso global instantâneo.

Em 1941, com a sombra do nazismo cada vez mais próxima, Elsa mudou-se para Nova York, onde se voluntariou como enfermeira. Retornou a Paris ao fim da ocupação, mas o mundo estava irreparavelmente mais tenebroso, e seus modelos frívolos foram eclipsados pela nova praticidade de estilistas como Christian Dior. A Maison Schiaparelli faliu em 1954. Elsa passou grande parte da aposentadoria na Tunísia, mas voltou a Paris, onde morreu aos 83 anos.

Foi somente cinquenta anos depois que a estilista italiana Miuccia Prada começou a trabalhar na empresa de bolsas e malas do avô, a Prada, mas as duas mulheres tinham muito em comum. Ambas colaboraram com artistas, trabalharam com inteligência e perspicácia na passarela, brincaram com as convenções femininas, as parodiaram e subverteram. Havia, inclusive, ecos de Schiaparelli no trabalho de Prada — lábios, insetos passeando pelos vestidos, experimentações com tecidos. Em 2012, ambas foram celebradas na exposição *Impossible Conversations*, no Costume Institute do Metropolitan Museum of Art, em Nova York, na qual se criava o efeito das duas conversando sobre arte, política e mulheres.

ESTUDANTE DA arte da mímica, membro do Partido Comunista e ativista pelos direitos das mulheres, com doutorado em ciência social, Miuccia não vem de uma formação tradicional no mundo da moda. Talvez tenham sido essas influências incomuns que originaram modelos tão inovadores e contribuíram para ela acumular uma fortuna pessoal de 11 bilhões de dólares.

Miuccia tinha 29 anos quando conheceu o futuro marido e sócio, Patrizio Bertelli, e integrou o negócio familiar de luxuosas bolsas de couro. Ela reorganizou a tradicional empresa e, em 1985, adicionou à linha modernas mochilas pretas de náilon, que se tornaram um sucesso.

Inaugurando a linha de vestuário feminino em 1988, o estilo de Miuccia contrastava com aquele da maioria dos estilistas italianos — ela trouxe um toque moderno às coleções, produzindo roupas desafiadoramente "feias", cerebrais e práticas. Sua segunda linha, a Miu Miu (nome inspirado no apelido dela), foi introduzida em 1992, e o vestuário masculino, em 1995. O tino de Miuccia para os negócios e o forte senso estético, combinados a uma série de astutas aquisições com o objetivo de formar um portfólio, resultaram em um sucesso continuado. No entanto, ela nunca perdeu seu lado divertido — é famosa por, em dias bons, projetar-se do escritório por um escorregador instalado pelo artista Carsten Höller.

Desde 1993, quando sua fundação de arte contemporânea foi inaugurada, a paixão de Miuccia por qualquer tema artístico aflorou. Ela expôs obras de Anish Kapoor, Louise Bourgeois e Sam Taylor-Wood, e montou um museu em Milão, aberto ao público, projetado pelo arquiteto holandês Rem Koolhaas.

A estilista alemã Jil Sander compartilha a estética minimalista e o amor por tecidos *high-tech* de Miuccia. O trabalho e o estilo pessoal de Sander são claramente influenciados pelas primeiras coleções da Prada. Miuccia obviamente admirava Jil e, em 1999, comprou uma parte do controle acionário da empresa dela. Apesar de a relação profissional entre elas ter se complicado — Jil abandonou o barco três vezes, retornando duas —, em 2006 Miuccia vendeu a empresa em melhores condições financeiras do que quando a adquiriu.

COCO CHANEL e o vestido "pretinho básico" a inspiraram

MIUCCIA PRADA

CONHECIDA COMO "a rainha do minimalismo" por seu estilo criativo sem excessos, Jil Sander construiu uma carreira autêntica e consistente no mercado de moda.

Ainda criança, Jil já tinha um apurado senso estético. Apesar de a professora desaprovar, na escola ela vestia calças com blusas de veludo cotelê feitas em casa, costuradas à mão por sua mãe. Jil usaria a mesma máquina de costura ao fundar a própria marca, aos 24 anos.

Jil propiciou a si mesma uma boa formação no setor, estudando tecidos em casa, na Alemanha, e na Universidade da Califórnia. Passou a escrever para revistas de moda em Nova York, mas retornou à Alemanha aos 21 anos, devido à morte do pai.

A primeira coleção com seu nome trazia linhas simples, evitava cores berrantes ou estampas e usava acessórios com parcimônia. As silhuetas eram emprestadas do vestuário masculino, e logo de início Jil tomou a prática decisão de criar peças independentes, que podiam ser combinadas em diferentes visuais e ocasiões. Ela não se deixava influenciar por tendências, oferecendo um *look* mais atemporal para uma base de clientes leal e abastada. No fim dos anos

1980, a marca prosperava, e as roupas de Jil estavam no mundo todo.

Em 1999, Jil vendeu 75% de sua empresa para a Prada, mas permaneceu como estilista e presidente. Desentendeu-se com o CEO da Prada, Patrizio Bertelli, e renunciou em 2000, junto com a maior parte de sua equipe criativa. Em 2003, retornou, mas, no fim do ano seguinte, saiu novamente. Foi trabalhar com a proeminente marca japonesa Uniqlo, concebendo uma linha utilitária feminina e masculina chamada J+, que produziu até 2011. Em 2012, mais uma vez voltou à marca que levava seu nome, apenas para deixá-la de vez em 2013.

Jil Sander é uma admiradora de Coco Chanel — outra adepta do visual simples e uniforme, que combinava o funcional com o belo, e que uma vez disse: "Antes de sair de casa, olhe-se no espelho e tire um dos adereços". Como Jil, Coco também se apropriava de modelos tradicionais masculinos e preferia sofisticação e luxo discreto a ostentação.

JIL SANDER

COCO CHANEL

ELSA SCHIAPARELLI

Lendária rival de

COCO CHANEL contribuiu com uma mente afiada para o mundo da moda, transformando a maneira como as mulheres se vestiam, se perfumavam e se portavam.

Gabrielle "Coco" Chanel nasceu, ilegitimamente, em uma família pobre. Os pais e os quatro irmãos e irmãs viviam em um apartamento de um quarto em Brive-la-Gaillarde, na França. A mãe morreu quando Coco tinha 12 anos, então ela e as irmãs foram mandadas para uma rígida escola em um convento, onde aprendeu a costurar. Ao terminar os estudos, cantou em cabarés e foi notada por um rico herdeiro da indústria têxtil, Étienne Balsan, que levou a sensual e espirituosa moça aos círculos mais sofisticados. Coco então teve um relacionamento com Arthur Capel, o inglês que financiaria sua linha de roupas. Estas eram desenhadas em tecidos inovadores, como o jérsei e o tricô, e vendidas em lojas próprias em Deauville, Biarritz e Paris. Em 1916, o sucesso de Coco era tamanho que ela conseguiu pagar Arthur. Três anos depois, tornou-se uma estilista registrada em Paris.

Durante os anos 1920, a casa de Chanel revolucionou a moda, vestindo mulheres para dançar, flertar, dirigir e trabalhar. Coco foi pioneira do corte enviesado, da alça-espaguete, da longa e esvoaçante echarpe para a noite, da blusa listrada breton, do casaco de tweed sem gola, do corte de cabelo curto estilo *pixie*, do bronzeado, das bijuterias e, principalmente, do pretinho básico. Seu império da moda expandiu-se, e, em 1927, ela possuía cinco propriedades na mesma rua de Paris.

O perfume de Coco, o Chanel nº 5, foi sensação no mundo todo. Após licenciar o nome da marca para Pierre e Paul Wertheimer, porém, sofreu para recuperar o controle sobre o produto.

O estilo de vida de Coco era imprudente e excêntrico — ela adorava cocaína e morfina e teve uma série de amantes aristocráticos e influentes. Durante a Segunda Guerra Mundial, Chanel escolheu mal o parceiro, relacionando-se com o oficial nazista Hans Günther von Dincklage. O comportamento dela à época era igualmente dúbio; na melhor das hipóteses, era ambivalente em relação aos alemães. Diz-se que Winston Churchill interveio para que não fosse condenada pelo comitê do governo França Livre. Talvez ela tenha sido poupada devido às informações que possuía sobre importantes nomes britânicos simpatizantes do nazismo.

Seguiu-se um período de exílio na Suíça. Então, em 1954, aos 70 anos, Coco retomou a carreira na França, onde ascendeu à fama novamente. Em seu funeral, em 1971, muitas das mulheres de luto vestiam terninhos Chanel.

A escritora Colette frequentava os mesmos círculos sociais parisienses de Coco — inclusive vendeu-lhe uma casa de veraneio após intensa negociação. Chanel descreveu Colette como uma "mulher muito inteligente" e disse: "As únicas duas escritoras que me agradam são Madame de Noailles e Colette". Em troca, Colette descreveu Coco: "Se o rosto de todo ser humano guarda semelhança com algum animal, então Mademoiselle Chanel é um pequeno touro negro".

INDULGENTEMENTE SENSUAL tanto na escrita quanto na vida, Colette chocava, emocionava e documentava o submundo parisiense.

Sidonie-Gabrielle Colette foi criada na bucólica região de Borgonha, em um misto de beleza lírica e dura realidade que moldou toda sua vida.

Aos 20 anos, apaixonou-se pelo escritor, crítico e pesquisador sexual Henry "Willy" Gauthier-Villars, treze anos mais velho. Ele a levou a Paris, a festas libertinas e salões intelectuais, depois a enclausurou em um quarto e a fez escrever. Ela produziu quatro livros — a série *Claudine*, apimentado relato semiautobiográfico com impudicas seduções sáficas. Henry publicou-os sob seu nome. Como consequência, quando o casal se separou, Colette viu-se sem direito autoral algum e, assim, ganhou a vida apresentando-se em palcos da França, interpretando Claudine. Nesse período, envolveu-se com "Missy", a Marquesa de Belbeuf, que se vestia com roupas masculinas.

Mais uma vez inspirando-se nas próprias experiências, Colette publicou *La Vagabonde*, sobre uma mulher divorciada que se torna atriz. O livro foi bem recebido pela crítica e consolidou sua carreira. Em 1912, ela se casou com Henry de Jouvenel, que era o editor da *Le Matin*, revista para a qual Colette contribuía. O casal teve uma filha, Colette de Jouvenel, ou Bel-Gazou. O casamento permitiu a Colette dedicar mais tempo à escrita, e, em 1920, ela publicou *Chéri*, a história de uma mulher que se relaciona com um homem muito mais jovem. Talvez fosse autobiográfica — em 1924, após um romance com o enteado de 16 anos, ela se separou do marido.

Em 1935, Colette casou-se com Maurice Goudeket, parceiro até o fim de sua carreira. Seu livro mais famoso, *Gigi*, foi publicado tardiamente — ela tinha 71 anos. Conta a história de uma jovem cortesã que, mais do que seduzir, casa-se com seu amante abastado. Foi adaptado para o teatro em 1951, protagonizado pela jovem Audrey Hepburn, e depois para o cinema, em 1958, então estrelado por Leslie Caron. Colette morreu aos 81 anos, tornando-se a primeira mulher a receber um funeral oficial do Estado na França.

Colette

Quando ainda era estudante, a também escritora francesa Simone de Beauvoir vasculhava livrarias parisienses em busca dos romances de Colette, os quais admirava por sua percepção da psicologia feminina. Ela depois os honraria no próprio trabalho: *O segundo sexo* traz 22 referências às obras de Colette.

GERTRUDE STEIN

era uma de suas grandes amigas

AUDREY HEPBURN

protagonizou a adaptação de seu livro Gigi

SIMONE DE

BEAUVOIR

ISADORA DUNCAN

GERTRUDE STEIN

O segundo sexo cita mulheres inspiradoras, incluindo

MARIE CURIE

EXTREMAMENTE CULTA, a escritora e pioneira feminista Simone de Beauvoir viveu suas filosofias ao pé da letra.

Quando menina, era devotamente religiosa, tendo até mesmo considerado tornar-se freira. Sua família era burguesa, mas em situação financeira precária, de modo que os pais incentivaram a educação de Simone para garantir seu futuro. A garota era muito inteligente; estudou matemática e literatura na escola e depois entrou na Sorbonne e mergulhou na filosofia. Nessa época, conheceu os colegas intelectuais Claude Lévi-Strauss, Maurice Merleau-Ponty e Jean-Paul Sartre, por quem se apaixonou. Jean-Paul e Simone nunca se casaram, mas permaneceriam juntos até a morte dele, em 1980. O casal tinha um relacionamento aberto: Simone era professora no Lycée Molière e se envolvia com as alunas, às vezes apresentando-as a Jean-Paul e formando complicados triângulos amorosos. Eles seguiram esse esquema a vida toda, mas permaneciam juntos e apoiavam-se mutuamente.

Além da intrincada esfera amorosa, a vida profissional de Jean-Paul e de Simone também se entrecruzava. Eles conversavam aos sussurros em clubes de jazz e cafés sobre a filosofia existencialista. Simone escreveu ensaios e livros, chegando

O livro *It Changed my Life* inclui um encontro entre Simone e

INDIRA GANDHI

SYLVIA BEACH

era uma de suas amigas

ao auge com sua obra-prima, *O segundo sexo*, que se baseia na filosofia, na psicologia e na literatura para descrever e analisar o modo como as mulheres foram tratadas ao longo da história. Daí vem a citação: "Não se nasce mulher, torna-se mulher".

A influência de Simone e Jean-Paul pairou sobre os anos 1950 e 1960: eles praticamente inventaram o *beatnik* existencial. Conforme amadurecia, Simone ficou fascinada com o fenômeno do envelhecimento, o qual se tornou tema de suas últimas obras. Ela era também uma força superior no movimento feminista francês, escrevendo e assinando em 1971 o Manifesto das 343 — número de mulheres famosas que haviam feito aborto (então ilegal) na França. Simone morreu em Paris aos 78 anos, seis anos após Jean-Paul.

Iris Murdoch, filósofa e autora, também escreveu mais romances que obras de filosofia. Iris era fã ardorosa de Beauvoir e expressava sua "admiração" descrevendo *Os mandarins*, de Simone, como "um livro extraordinário, um romance na mais alta escala, corajoso em sua exatidão e terno por sua seriedade persistente."

POR MEIO de seus romances, Iris Murdoch destrinchou e examinou a mente, desnudando a complexidade da consciência e do amor humanos de maneira criativa e cativante.

Nascida em Dublin, Irlanda, teve uma infância feliz como filha única que adorava cantar. Os pais a colocaram em escolas particulares progressistas e depois a enviaram para a Universidade de Oxford, onde estudou filosofia e os grandes pensadores, além de se filiar ao Partido Comunista. Nessa época, conheceu a amiga Philippa Foot, também filósofa, com quem viveu até depois da Segunda Guerra Mundial.

Durante a guerra, Iris trabalhou com a Administração de Assistência e Reabilitação das Nações Unidas, viajando para a Bélgica e a Áustria, onde trabalhou em campos de refugiados. Após a guerra, ganhou uma bolsa de estudos e um posto de professora no St. Anne's College, em Oxford, permanecendo ali até 1963. Nesse período, conheceu John Bayley, romancista e professor inglês, e casou-se com ele. Os dois tinham um relacionamento curioso — ele não gostava de sexo, e ela se relacionava com homens e mulheres.

O primeiro livro de Iris, *Under the Net* [Sob a rede], foi publicado em 1954 e se tornaria um de seus maiores sucessos. Ela escreveria 25 outros romances, dos quais o mais famoso, *The Sea, the Sea* [O mar, o mar] (uma análise introspectiva das obsessões de um dramaturgo e diretor), ganhou o Booker Prize de 1978. Em 1987, foi nomeada Dama do Império Britânico.

IRIS

Iris foi diagnosticada com doença de Alzheimer em 1995 e passou os últimos dois anos da vida aos cuidados de John.

Quando estudava na escola Badminton, Iris ficou amiga de outra garota que também sentia saudades de casa, descrita como frágil, delicada e ansiosa por fazer parte da turma. Era Indira Gandhi, que se tornaria primeira-ministra da Índia. Elas se encontrariam de novo no Somerville College, na Universidade de Oxford. Após a morte de Indira, Iris voou para Nova Déli a fim de fazer um discurso em uma conferência que celebrava a vida da colega política.

Considerada a "convidada dos sonhos para um jantar" e muito admirada por

CHIMAMANDA NGOZI ADICHIE

MURDOCH

Reuniu-se com

MAHALIA JACKSON

FIGURA DE peso no movimento de independência indiano, Indira Gandhi era conhecida como "Mãe Índia".

Filha única de Jawaharlal Nehru, homem que inaugurou o cargo de primeiro-ministro no país, e neta de Motilal Nehru, um dos pioneiros do movimento independentista, Indira cresceu em Allahabad e na Suíça.

Aos 24 anos, casou-se com Feroze Gandhi, colega congressista e membro do partido. O casal teve dois filhos, apesar de Indira e Feroze levarem vidas separadas na maior parte do casamento. Após a morte da mãe, Indira atuou como assistente do pai, desfrutando do melhor aprendizado político possível. Seu papel ganhou amplitude quando Nehru assumiu o poder em 1947, e em 1959 ela foi eleita presidente do partido. O sucessor de seu pai, Lal Bahadur Shastri, tornou-a ministra da Informação e Comunicação. À morte dele, em 1966, ela assumiu como primeira-ministra.

Os anos iniciais no cargo foram complicados: o partido se dividiu e perdeu a maioria no Congresso, enquanto Indira foi acusada de ser apenas um grande fantoche. Em 1971, ela concorreu ao poder com o *slogan* "garibi hatao", ou "erradicar a pobreza", com o objetivo de unir castas e classes.

A Índia havia se tornado autossuficiente em termos de produção alimentícia, e esse fator, combinado à vitória na guerra de 1971 no Paquistão e à criação de Bangladesh, impulsionou a popularidade de Indira. Após três mandatos, porém, suas políticas autoritárias, uma condenação por má prática eleitoral e a decretação de estado de emergência fizeram os eleitores se voltarem contra ela. Indira foi acusada de liderar uma ditadura por meio do filho, Sanjay, e perdeu a eleição em 1977, mas retornou ao poder em 1980.

A morte de Sanjay em um acidente de avião, em 1980, abalou Indira. O país estava turbulento: os sikhs da região do Punjab demandavam um estado independente e haviam ocupado o sagrado Templo Dourado, de modo que Indira enviou tropas, causando a morte de centenas de pessoas. Em outubro de 1984, em retaliação, dois de seus guarda-costas a mataram a tiros.

Algumas das fases mais felizes da vida de Indira foram passadas em Shantiniketan, em uma escola organizada segundo princípios simples pelo poeta Rabindranath Tagore. Anos depois, a educadora Maria Montessori visitaria a escola e se valeria de tal para dar forma ao conceito de "Educação Cósmica". Ela também conheceu o pai de Indira, Jawaharlal Nehru. A viagem foi um sucesso e resultou na qualificação de milhares de professores indianos por Maria — o método montessoriano continua popular no país.

Indira Gandhi

Maria Montessori

Foi em uma escola montessoriana que estudou

BEYONCÉ

OS RADICAIS métodos educacionais de Maria Montessori baseiam-se no modo como as crianças aprendem naturalmente. A habilidade dela de combinar uma linha de pensamento altamente racional com o desejo de promover a paz e o amor criou um molde para escolas progressistas do mundo todo.

Desde cedo, Maria foi inteligente e determinada, sem nunca permitir que seu gênero a limitasse. Com o objetivo de seguir uma carreira na engenharia, estudou em um instituto só para meninos. Depois, decidiria ser médica, sendo admitida na Universidade de Roma.

O período que passou na universidade foi difícil – Maria era atormentada e sofria punições por ser mulher. Mas persistiu e tornou-se a primeira médica da Itália. Também teve um filho ilegítimo, Mario, o qual precisou colocar em um orfanato a fim de continuar na medicina. Ele mais tarde seria contratado como seu assistente de pesquisa.

Maria trabalhou com crianças com dificuldades de aprendizado, constituindo uma pedagogia emergente, fazendo palestras e escrevendo artigos. Após completar a graduação em filosofia com pesada carga de psicologia, ela assumiu a direção de uma creche para famílias de baixa renda em Roma. Usou a escola como modelo para seus futuros estabelecimentos: os equipamentos tinham tamanho apropriado para as crianças, praticavam-se exercícios físicos, os alunos aprendiam sobre tarefas domésticas e as salas de aula eram abertas e arejadas. As crianças eram tratadas como indivíduos, aos quais se ofereciam livre escolha e responsabilidade. A escola foi um sucesso imediato. Mais livres, os métodos de Maria foram empregados em toda a região. Ela logo se tornou uma educadora em tempo integral, viajando pelo mundo. As escolas montessorianas viraram um fenômeno internacional.

Os direitos das mulheres também eram de extrema importância para Maria — uma ardorosa ativista tanto na Itália quanto no restante do mundo. Em 1934, com a ascensão de Benito Mussolini, que fazia forte oposição à filosofia dela de promover a paz por meio da educação, Maria e o filho deixaram o país. Viveram em Barcelona, na Inglaterra e na Holanda, passando também um período na Índia.

Os últimos anos de Maria foram em Amsterdã e viajando pela Europa e pela Índia. A essa altura, ela era o grande nome da educação, sendo seis vezes indicada para o Nobel e ganhando inúmeras medalhas honrosas e prêmios. Morreu na Holanda aos 81 anos.

Os métodos educacionais de Maria ajudaram a criar uma geração de mentes brilhantes na Europa, incluindo uma aluna muito especial que estudou em uma de suas escolas em Amsterdã: Anne Frank. Os pais de Anne decidiram que uma educação montessoriana lhe seria apropriada, por ela ser tão teimosa e falante. Os professores lembravam-se de Anne como uma menina que adorava participar de peças de teatro e estava sempre munida de ideias geniais.

Em uma adaptação cinematográfica de sua vida, o papel principal foi oferecido a **AUDREY HEPBURN**

UMA DAS adolescentes mais famosas da história, Anne Frank teve uma vida trágica, embora inspiradora. Seu diário acompanha a rotina de estar escondida dos nazistas, dominada pelo medo de que ela e seus familiares fossem descobertos de repente, mas ainda assim com as obsessões e paixonites típicas da idade.

Nascida em Frankfurt am Main, na Alemanha, Anne fugiu com a família para Amsterdã a fim de escapar das políticas antissemitas impostas pelo Terceiro Reich. Era esperta, mas travessa, arranjando problemas na escola por falar demais.

Quando tinha 11 anos, os nazistas ocuparam a Holanda. Os Frank, por serem judeus, viram-se forçados a se submeter a regras severas: não podiam mais manter um negócio próprio, precisavam obedecer ao toque de recolher e usar estrelas amarelas nas roupas para ser identificados.

Em junho de 1942, o pai de Anne, Otto, a presenteou em seu aniversário de 13 anos com um diário, no qual ela começou a escrever imediatamente, detalhando o cotidiano. Um mês depois, quando a irmã Margot foi intimada a se realocar para um campo de trabalho forçado, a família se escondeu em um anexo acima dos escritórios de seu antigo negócio, dividindo o espaço com o dentista Fritz Pfeffer e a família Van Pels. Anne desenvolveria um relacionamento amoroso com Peter van Pels, que tinha 16 anos.

Ao longo do período de encarceramento da família no anexo, Anne escreveu no diário sobre as brigas e discussões entre os moradores da casa, suas frustrações, esperanças e sonhos, o terror que sentia da guerra, as aspirações de ser jornalista e a relação com a irmã.

Em 1944, os Aliados desembarcaram na Normandia e começaram a libertar a Europa. Anne estava empolgada com a notícia, mas, tragicamente, o esconderijo da família foi descoberto dois meses depois. Anne foi enviada ao campo de concentração de Auschwitz-Birkenau, onde passou fome e viveu sob a ameaça da câmara de gás. Sobreviveu apenas para ser transferida para o campo de Bergen-Belsen, onde morreu de tifo ao lado da irmã. Anne tinha apenas 15 anos.

Após a guerra, o único membro sobrevivente da família foi Otto, que retornou para Amsterdã. Lá recebeu o diário de Anne de sua antiga secretária, Miep Gies, que o havia encontrado no anexo. Ele o editou, e o livro foi publicado em 1947, com seguidas edições em todo o mundo. Anne tornou-se um ícone que humanizou os aterrorizantes eventos do Holocausto e um exemplo de bravura e persistência em face da opressão. Além disso, ela criou uma identificação mundial com adolescentes frustrados com a família e a vida.

O pai de Anne preservou seu legado com carinho e consideração, usando o dinheiro angariado com a venda do livro para manter em funcionamento o museu Casa de Anne Frank, criar instituições para a conscientização contra o racismo e informar futuras gerações sobre o nazismo e a perseguição dele decorrente.

Outra adolescente cujo diário repercutiu pelo mundo é Malala Yousafzai. Seu blog (inicialmente) anônimo detalhava sua desafiadora luta contra o Talibã pelo direito de poder estudar. Em janeiro de 2014, Malala, com frequência chamada de a "Anne Frank do Paquistão", ganhou o Prêmio Anne Frank pela coragem moral.

ANNE FRANK

MALALA

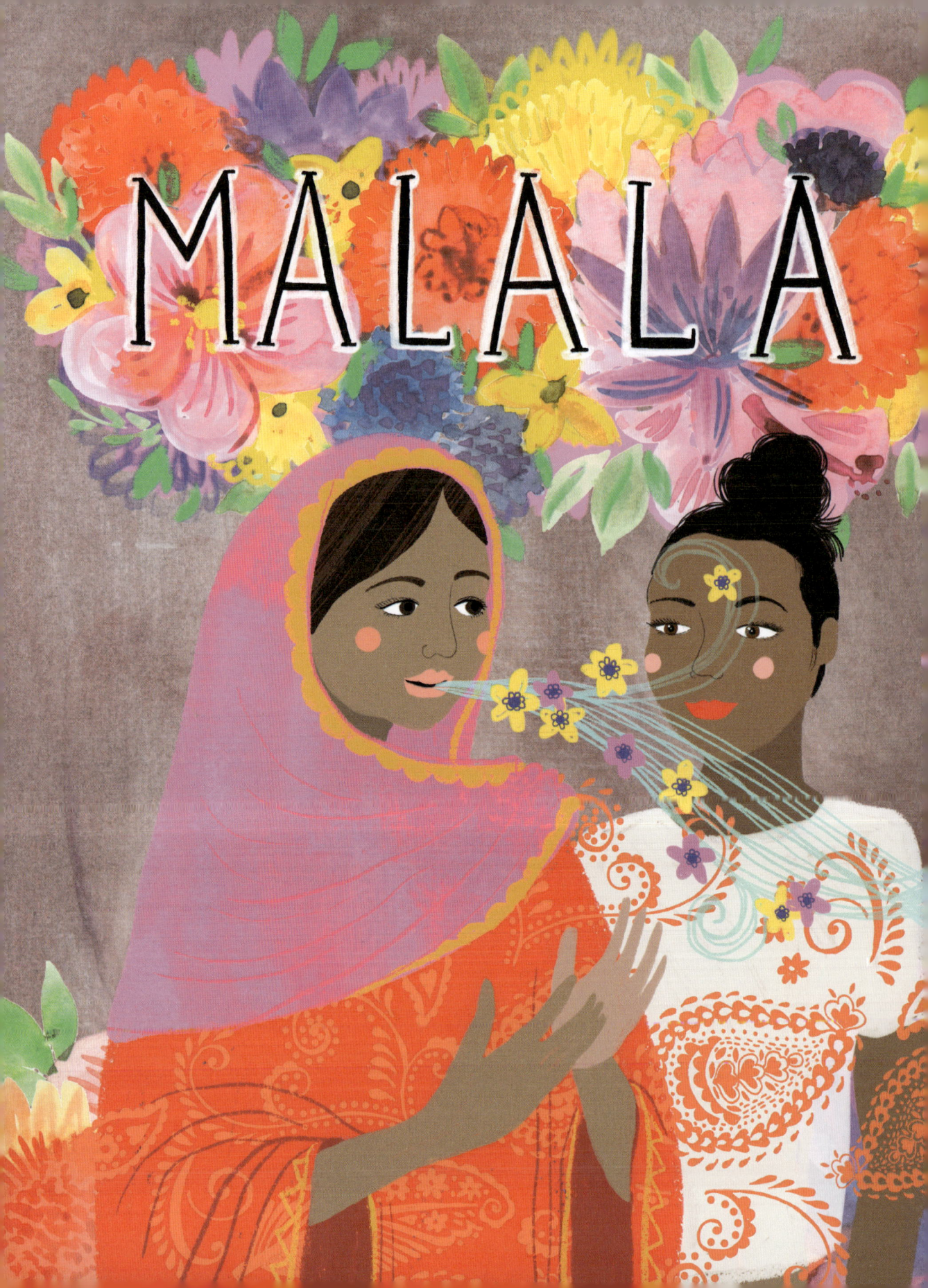

YOUSAFZAI

Participou da reunião de cúpula do Women in the World com

MERYL STREEP

DETERMINADA A estudar, independentemente do regime no controle do país, Malala viu sua história atrair a atenção do mundo após levar um tiro na cabeça de um militante das forças do Talibã, o movimento fundamentalista islâmico nacionalista. Porém, o episódio serviu apenas para fortalecer sua decisão e incentivar garotas do mundo todo a frequentar a escola.

Aos 11 anos, Malala publicou um diário on-line anônimo sobre a vida sob o jugo do Talibã no noroeste do Paquistão. Ela adorava estudar e reivindicava a educação feminina. Um ano depois, começou a aparecer em entrevistas na TV, revelando sua identidade. Aos 14, ganhou o Prêmio Nacional da Paz, destinado a jovens.

A postura sincera de Malala sobre a educação de meninas tornou-a alvo do Talibã, e, em 2012, quando tinha 15 anos, um atirador a abordou no ônibus escolar e tentou assassiná-la com um tiro na cabeça. Ela sobreviveu e foi transferida para o Reino Unido, para tratamento e recuperação, após os quais começou a frequentar uma escola em Edgbaston. O ataque resultou em uma grande onda de apoio a Malala, que, além de continuar estudando, tornou-se defensora da educação universal, discursando ao redor do mundo. Em seu aniversário de 16 anos, palestrou para mais de quinhentos jovens representantes da educação na ONU. Sua autobiografia virou *best-seller* de imediato, transformada também em documentário.

EMMA WATSON

Decidiu se considerar feminista após escutar um discurso de

Em 2014, Malala tornou-se a pessoa mais jovem a receber um Nobel da Paz. O então primeiro-ministro do Paquistão, Nawaz Sharif, disse: "A conquista dela é sem paralelos ou comparações. Meninas e meninos do mundo deveriam se inspirar em sua luta e seu comprometimento".

Ao completar 18 anos, Malala inaugurou uma escola no Líbano para refugiados sírios e pediu que líderes globais parassem de aplicar dinheiro em despesas militares e começassem a investir em educação. Em 2017, foi eleita Mensageira da Paz da ONU, promovendo a educação de meninas. Ela viaja o mundo, fazendo campanhas e incitando à ação, mas prossegue com os estudos.

Em 2015, Malala juntou-se a uma das mulheres mais influentes dos EUA, a então primeira-dama Michelle Obama, na campanha #62MillionGirls, que tinha como objetivo levar à escola os milhões de garotas no planeta que não recebiam educação. As duas lançaram a iniciativa em um festival musical em Nova York, quando ambas discursaram. "Um livro e uma caneta podem mudar a vida de uma criança, e não uma arma", sentenciou Malala.

MICHELLE OBAMA

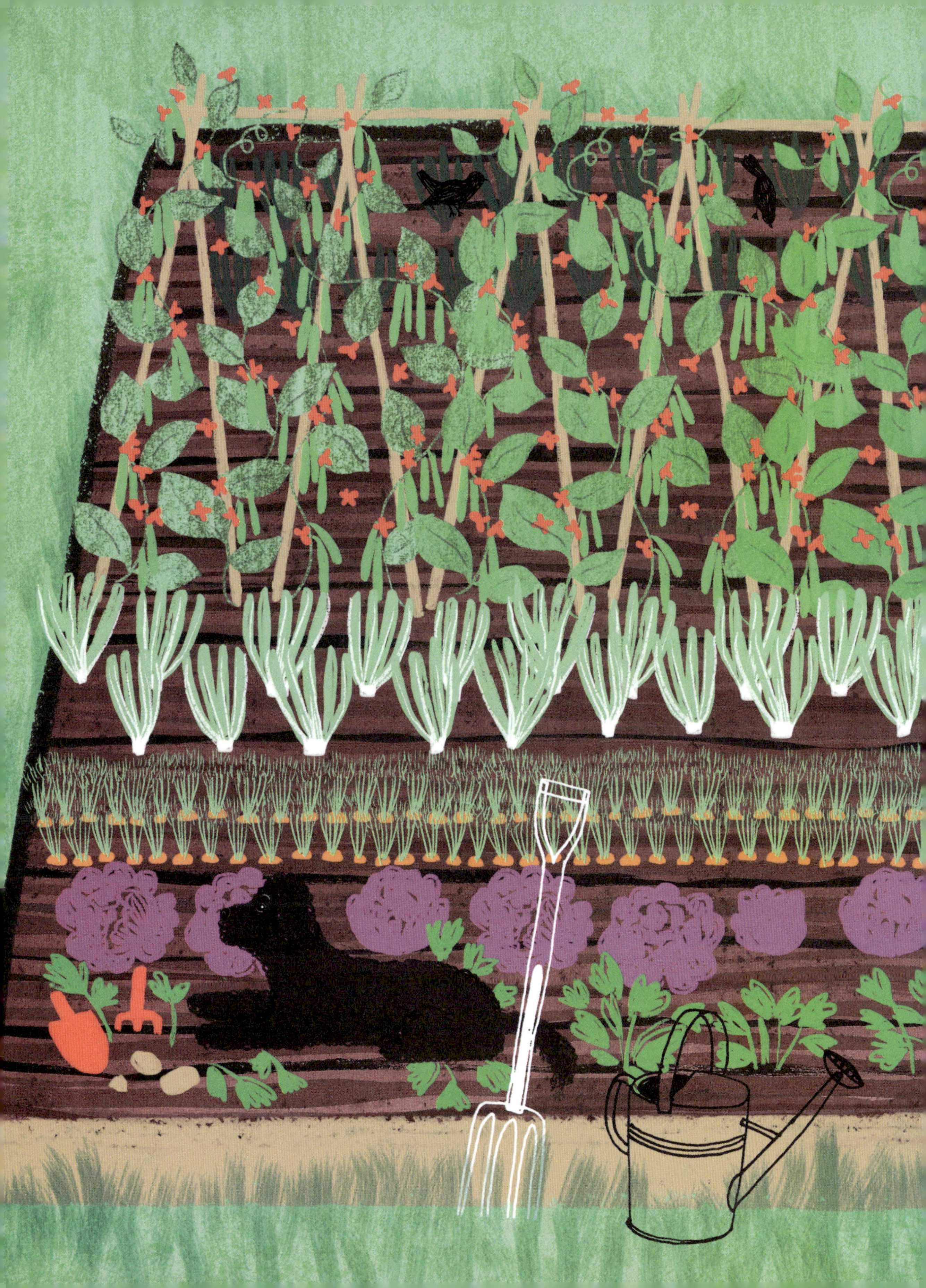

Amiga de **BEYONCÉ**

Seu marido admitiu ter tido uma paixão adolescente por **NICHELLE NICHOLS**

Recebeu uma nota de agradecimento de **GLORIA STEINEM**

ADVOGADA, ESCRITORA e ativista, Michelle Obama foi catapultada para a vida pública quando o marido, Barack, se tornou presidente dos EUA. A permanência na Casa Branca revelou-a inteligente, sensata e engraçada.

Michelle cresceu em um lar modesto em Chicago, Illinois. O dinheiro era contado — ela e o irmão dormiam na sala de estar —, mas a família era feliz e unida. Os pais valorizavam muito a educação, e Michelle foi aceita no programa para alunos com alto desempenho da escola. Graduou-se em sociologia pela Universidade de Princeton antes de entrar em Harvard para estudar direito.

Conheceu Barack no escritório jurídico em que ambos trabalhavam, o Sidley Austin. Casaram-se em 1992 e tiveram duas filhas, Malia e Sasha. Michelle começou a trabalhar para a Prefeitura de Chicago, então como fundadora e diretora executiva de um programa de liderança para jovens, depois atuou na fundação de programas de serviços comunitários na Universidade de Chicago.

A carreira política de Barack iniciou-se em 1996, ao ser eleito para o Senado de Illinois, mas ganhou fôlego mesmo em 2005, quando, tido como um destaque do Partido Democrata, ele assumiu o posto de senador. Decidiu concorrer à presidência em 2007, e Michelle diminuiu o ritmo de sua vida profissional para fazer campanha ao lado do marido, escrevendo e discursando, em geral sem usar anotações. Também ganhou a reputação de contar histórias engraçadas sobre a vida familiar de Obama. Então, em 2009, Barack assumiu o posto, e Michelle tornou-se primeira-dama.

Promoveu sua campanha Let's Move ao lado de

BILLIE JEAN KING

Amiga e ativista no documentário We Will Rise ao lado de

MERYL STREEP

Recebeu o pedido de dar palavras de incentivo de

EMMA WATSON

Ela aproveitou o cargo para apoiar e inspirar o público jovem. Uma de suas primeiras ações foi fazer uma horta e criar uma colmeia na Casa Branca, das quais proviam alimentos para as refeições da família Obama e rendiam doações a bancos de alimentos. Depois ela escreveu *American Grown* [Cultivado na América], livro sobre suas reflexões sobre alimentação, e elaborou o projeto que resultaria na iniciativa Let's Move [Vamos nos Mexer], cujo objetivo era fazer os jovens se exercitarem. Também foram campanhas suas a Joining Forces [Reunindo Forças], que apoiava famílias de militares e veteranos, e a Reach Higher [Alcance Mais], que pretendia inspirar jovens a entrar na universidade. Durante o período na Casa Branca, Michelle enfrentou críticas constantes da mídia e do público em relação a aparência, políticas e vida privada. Ela as encarava com bom humor e inteligência. Em seu tempo como primeira-dama, ficou conhecida como uma pessoa acessível, ativista ardorosa e mãe dedicada. Porém, apesar das habilidades de oradora e grande inteligência, ela descartou a ideia de concorrer à presidência.

Michelle Obama deu adeus à Casa Branca em 2017, e sua partida ficou marcada por uma reportagem especial feita pelo *New York Times* intitulada "À Primeira-Dama, com amor". Era composta por cartas de agradecimento de pessoas como a feminista Gloria Steinem, a atriz Rashida Jones e a escritora Chimamanda Ngozi Adichie, que condenou a "caricatura" de "mulher negra e brava" na qual costumavam encaixar Michelle.

POR MEIO de seus romances, ensaios e palestras influentes, a escritora Chimamanda ajudou a projetar o feminismo no sistema dominante.

Nasceu em Enugu, sudeste da Nigéria. O pai era professor de estatística na Universidade da Nigéria, em Nsukka, e a mãe foi a primeira escrivã dessa instituição.

Aos 19 anos, Chimamanda foi estudar na Universidade Drexel, na Filadélfia, EUA, e depois se transferiu para a Eastern Connecticut State University. Graduada, estudou escrita criativa na Universidade Johns Hopkins e conseguiu bolsas de estudo em Princeton e Harvard. Seu primeiro livro, *Decisions* [Decisões], uma coletânea de poemas, foi publicado em 1997, seguido de uma peça de teatro, *For Love of Biafra* [Por amor de Biafra], em 1998. A fama veio com o primeiro romance, *Hibisco roxo*, indicado ao Orange Prize de 2004, sobre uma adolescente nigeriana em processo de amadurecimento que tenta compreender sua conflituosa família. O romance seguinte, *Meio sol amarelo*, alcançou ainda mais sucesso e foi adaptado para o cinema em 2013.

No entanto, foram as palestras de Chimamanda que de fato a puseram sob os holofotes. Sua primeira TED Talk, em 2009, "O perigo de uma história única", abordou como as narrativas podem ser enganosas e a importância da representação multicultural. A segunda, "Sejamos todos feministas", conquistou a internet, ao trazer uma definição confiante e fervorosa de feminismo para o século XXI. A versão impressa do discurso chegou à lista de *best-sellers*, e o governo sueco a distribuiu para todos os jovens de 16 anos do país.

Chimamanda é casada com o médico e professor Ivara Esege. Eles têm uma filha e vivem em Baltimore, nos EUA, mas ela ainda mantém uma casa na Nigéria. Sua carreira parece estar

CHIMAMANDA NGOZI ADICHIE

longe do auge, e será fascinante acompanhá-la nessa trajetória.

O texto "Sejamos todos feministas" chamou ainda mais atenção quando citado por Beyoncé na música "Flawless", de 2013. O apoio de Beyoncé à causa feminista foi bem recebido por Chimamanda, pois teria divulgado o discurso para um público mais amplo. Ela também criticou quem alegava que o ativismo de Beyoncé era apenas fachada, dizendo: "Qualquer um que afirma ser feminista é feminista pra caramba".

Considerada uma das personalidades mais influentes em 2015 pela revista *Time*, assim como

EMMA WATSON

MISTY COPELAND

BEYONCÉ

ANGELA DAVIS — elogiou-a por citar "Sejamos todos feministas" na música "Flawless"

NINA SIMONE — O LP *Silk & Soul*, de 1967, aparece em um clipe dela

CELEBRIDADE GLOBAL e voz reinante nos EUA, Beyoncé tem usado a fama como cantora e atriz para fins admiráveis, amadurecendo e emergindo como ativista e filantropa. Ela leva o crédito de ajudar a popularizar o feminismo, particularmente entre as jovens.

Beyoncé nasceu e foi criada em Houston, Texas. Desde os 5 anos, ao assistir certa noite a uma apresentação de Michael Jackson, soube que queria seguir a mesma carreira dele. Aos 8 anos já integrava um grupo pop de meninas, o Girl's Tyme. Quando chegou à adolescência, o pai, Mathew Knowles, passou a gerenciar a banda, que se tornaria Destiny's Child em 1997. A posição de protagonista era ocupada em cada ocasião por uma garota, mas tinham destaque Beyoncé, Kelly Rowland e Michelle Williams. Elas formariam depois um dos mais bem-sucedidos trios musicais de todos os tempos, com *hits* como "Bootylicious", "Bills, Bills, Bills" e "Survivor". Beyoncé é coautora da maioria das músicas.

O primeiro álbum solo de Beyoncé, *Dangerously in Love*, foi lançado em 2003 e vendeu mais de 11 milhões de cópias no mundo todo. Com muita autoconfiança, Beyoncé estava destinada a uma colossal carreira solo, e o Destiny's Child fez os últimos shows em 2005. As performances de Beyoncé eram arrasadoras — ela dançava bem e com sensualidade, cantava com técnica impecável e muita emoção e tinha uma presença de palco irresistível e cativante. Em 2006, também começou a aparecer em filmes, incluindo *Dreamgirls: Em busca de um sonho*, no qual interpretava uma personagem baseada em Diana Ross.

Em 2008, Beyoncé casou-se com o músico e empresário Jay-Z, a quem havia conhecido aos 18 anos. O casal teve três filhos, mas o relacionamento tem seus percalços — muitas das letras do álbum *Lemonade* de Beyoncé, lançado em 2016, fazem referências à infidelidade. O quanto elas refletem a vida pessoal dela e de Jay-Z, somente eles podem dizer.

Beyoncé tem o dom de escrever e interpretar músicas que definem seu tempo: "Crazy in Love", "Single Ladies (Put a Ring on It)" e "Run the World (Girls)" repercutiram muito além das pistas de dança, tornando-se por si mesmas paradigmas culturais. Bey usa esse apelo universal para o bem. Após o furacão Katrina, ela fundou a Survivor Foundation para auxiliar as vítimas. Também fez doações caridosas para instituições que combatem o abuso de entorpecentes e juntou forças com a amiga Michelle Obama para promover as iniciativas da primeira-dama por um estilo de vida saudável. Além disso, Beyoncé faz proclamações políticas por meio de seu trabalho, citando o Partido dos Panteras Negras no show que apresentou no intervalo do Super Bowl em 2016 e declarando a raiva que sente em relação à brutalidade policial e por Donald Trump ter cancelado as medidas de proteção a estudantes transgênero.

Sempre disposta a revelar os nomes que a influenciaram, Beyoncé se diz grande admiradora da dançarina dos anos 1920 Josephine Baker — inclusive usou uma despudorada saia de bananas em homenagem à sua heroína no evento Fashion Rocks de 2006. O álbum *B'Day* foi inspirado em parte em Josephine, sobre quem Beyoncé se pronunciou nas seguintes palavras: "Parece que ela simplesmente dançava com o coração, e tudo era tão livre".

OUSADA DENTRO e fora dos palcos, a revolucionária atriz Josephine Baker teve também uma vida dupla como espiã na Segunda Guerra.

Filha de um baterista e de uma ex-dançarina de teatro de variedades em St. Louis, Missouri, EUA, Josephine colaborou financeiramente com a família desde os 8 anos. Aos 11, testemunhou os confrontos raciais de St. Louis, o que mais tarde impulsionou sua campanha contra o racismo e a discriminação. Aos 15 anos já havia fugido de casa, se casado e se divorciado.

Josephine apresentava-se em esquinas e fazia turnês cantando em coro. Visitou Paris, apaixonou-se pela cidade e em 1925 inaugurou o espetáculo *La Revue Nègre*, vestindo somente penas. No ano seguinte, apresentou-se no cabaré Folies Bergère, vestindo a famosa saia feita de dezesseis bananas artificiais. Josephine subvertia os estereótipos raciais, capitalizando a fascinação europeia pelo "exótico" — ela inclusive subiu no palco com sua guepardo fêmea de estimação. Seus shows, filmes e discos faziam imenso sucesso na França, mas ela não conseguiu replicar essas conquistas em sua terra natal. Tornou-se cidadã francesa e casou-se com o industrial Jean Lion.

Durante a Segunda Guerra Mundial, Josephine trabalhou para a Resistência Francesa. Sua carreira lhe rendia acesso a eventos sociais de alto nível e viagens internacionais. Ela contrabandeava mensagens nas roupas íntimas, escrevia notas em tinta invisível e coletava informações. Ganhou medalhas honrosas e foi considerada membro da Legião de Honra por sua bravura.

Com cerca de 40 anos, Josephine foi morar em um castelo com os doze filhos adotados de diversos países. Retornou aos palcos em 1949, em sua fase imperial — financiada pelas medalhas ganhas e fortemente influenciada pela luta contra a desigualdade. Uma turnê pelos EUA foi um grande sucesso: ela anulou políticas racistas em clubes e

JOSEPHINE

foi nomeada Mulher do Ano pela National Association for the Advancement of Colored People (NAACP, a Associação Nacional para o Progresso de Pessoas de Cor). Voltou aos EUA para discursar em 1963 na Marcha sobre Washington, falando sobre as experiências que viveu no Missouri.

A carreira de Josephine declinou na década de 1960. Divorciada e endividada, teve que entregar seu castelo para os credores. Em um último lampejo de fama, retornou a Paris com um triunfante show em celebração aos seus cinquenta anos de palco. Faleceu quatro dias depois, rodeada por críticas enaltecedoras nos jornais.

Outra mulher que desafiou os fascistas durante a Segunda Guerra foi a jovem de 13 anos que carregava mensagens escondidas em suas sapatilhas de balé. A garota ajudou a resgatar um piloto desabrigado, fez apresentações para angariar dinheiro para a Resistência Holandesa e, mais tarde, se tornaria a querida atriz Audrey Hepburn.

Participou da Marcha sobre Washington, assim como

MAHALIA JACKSON

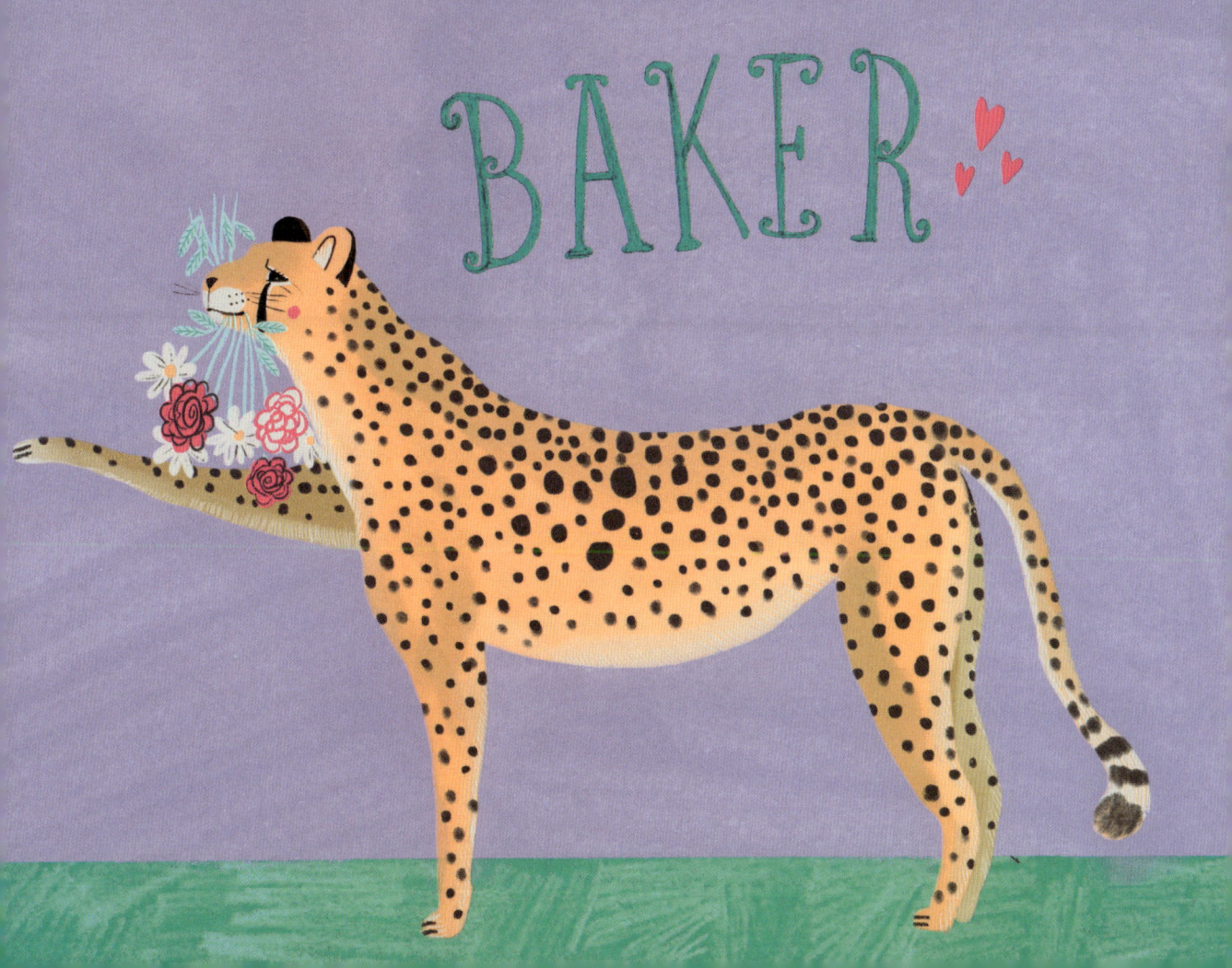

BAKER

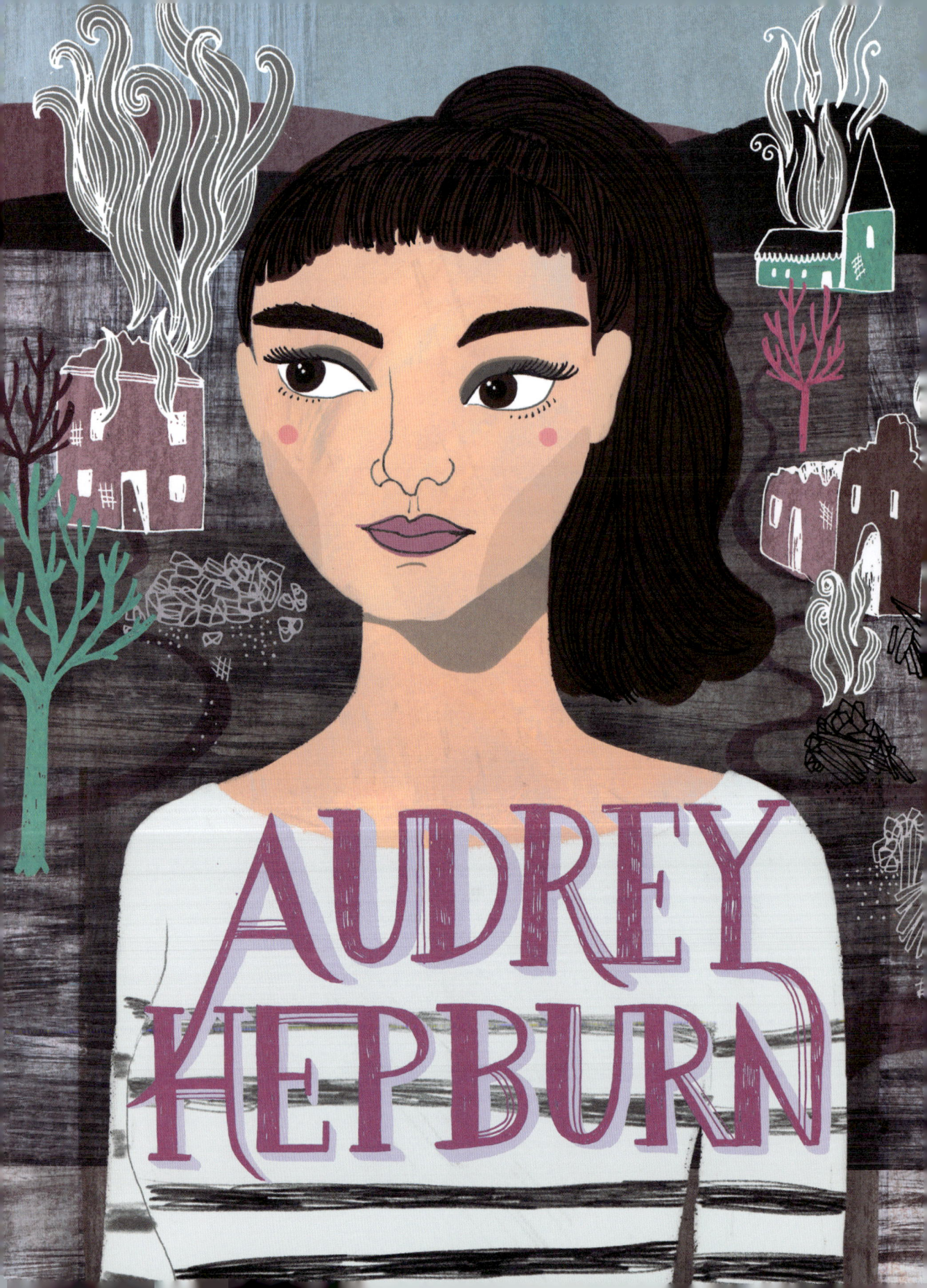

AUDREY HEPBURN

Seu papel-revelação na peça Gigi baseou-se no livro escrito por

COLETTE

O SUCESSO como estrela de cinema da elegante, talentosa e charmosa Audrey Hepburn nunca abalou sua empatia.

Ela nasceu na Bélgica, filha de um banqueiro e de uma baronesa fascistas que logo se divorciaram. Notavelmente, a adolescente Audrey rejeitou as crenças dos pais, transmitindo mensagens e angariando dinheiro para a Resistência Holandesa (ela e a mãe se mudaram para a Holanda no início da Segunda Guerra Mundial, na vã esperança de que o país, neutro, não fosse invadido pela Alemanha). Como a maioria dos holandeses à época, Audrey era subnutrida, o que contribuía para sua constituição franzina e seu olhar infantil. Após a Libertação, ela frequentou uma escola de balé em Londres e desempenhou alguns papéis menores em filmes, mas foi em uma produção da Broadway, *Gigi*, que despontou na carreira. Hollywood se interessou por ela, e dois anos depois sua interpretação como a princesa Ann em *A princesa e o plebeu* lhe renderia um Oscar.

Vieram outros papéis no teatro e no cinema. Durante o período na Broadway, em *Ondine*, ela conheceu o futuro marido, Mel Ferrer, depois estrelando a seu lado um filme de maior peso, *Guerra e paz*. O casal teria um filho, Sean.

A amizade com o estilista Hubert de Givenchy, a quem Audrey persuadiu que fornecesse o figurino para a comédia romântica *Sabrina* e que cuidaria de seu guarda-roupa para todos os filmes que não fossem de época, também foi importante para a atriz.

O rosto expressivo, o talento para a comédia e o biótipo gracioso de Audrey tornaram-na uma estrela. Ela dançou alegremente em *Cinderela em Paris*, foi indicada pela terceira vez ao Oscar pela meticulosa atuação em *Uma cruz à beira do abismo*, interpretou o "papel mais jazzístico" de sua carreira como Holly Golightly em *Bonequinha de luxo* e brilhou no popular *Minha bela dama*. Conquistou a última indicação ao Oscar com o suspense *Um clarão nas trevas*, produzido pelo marido, de quem logo depois se separou. Audrey casou-se com o psiquiatra Andrea Dotti em 1969, e o casal teve um filho, Luca, em 1970.

Aposentando-se parcialmente a partir de 1967, Audrey escolheu dedicar seu tempo à família. Tornou-se embaixadora da boa vontade pela Unicef em 1989. Nesse cargo, viajou para inúmeros locais, entre os quais a Etiópia, para auxiliar na luta contra a fome; a Turquia, para imunizar crianças; o Sudão, em busca da conscientização dos efeitos da guerra civil; e a Somália, onde a inanição era "apocalíptica". Audrey ficou abalada, talvez relembrando vividamente sua infância. Recebeu a Medalha Presidencial da Liberdade e, após sua morte, em 1993, o Prêmio Humanitário Jean Hersholt, atribuído pela Academia de Artes e Ciências Cinematográficas.

Uma das atuações mais famosas e apreciadas de Audrey foi como Holly Golightly, em *Bonequinha de luxo*. O filme é uma adaptação do livro de Truman Capote, que teria baseado a personagem de Holly em sua amiga e colega de trabalho nas revistas *Harper's Bazaar* e *New Yorker*, a escritora Maeve Brennan.

OS DESENHOS a caneta que Maeve Brennan fazia de seu querido lar "adotivo", a cidade de Nova York, transcendiam o papel, mas o declínio causado pela doença mental e o alcoolismo a impediu de dar andamento a esses trabalhos iniciais.

A Revolta da Páscoa de 1916 em Dublin foi o prelúdio para o nascimento de Maeve. Os pais eram republicanos, envolvidos ativamente na insurreição armada, mas, quando Maeve tinha 17 anos, os Brennan mudaram-se para os EUA — o pai havia sido nomeado o primeiro embaixador irlandês no país. Após completar a graduação em inglês pela American University, em Washington, Maeve foi atraída pelo Greenwich Village, bairro nova-iorquino, lar de livres-pensadores, beberrões e boêmios.

Miúda, sempre impecavelmente arrumada e usando grandes óculos escuros e roupas pretas, com cabelos castanhos penteados para trás, Maeve era fã do perfume Cuir de Russie, da Chanel, fragrância elaborada para mulheres que ousavam fumar. Ela escrevia para a revista de moda *Harper's Bazaar*, e, quando tinha 32 anos, ofereceram-lhe um emprego na *New Yorker*.

A coluna de Maeve, assinada sob o pseudônimo "The Long-Winded Lady" [A mulher com longos cabelos], descrevia a cidade com um olhar melancólico, agudo e desprendido, revelando momentos pungentes. Também escrevia contos passados em Dublin, que mais tarde seriam fundamentais para que sua obra voltasse a ser reconhecida.

Excêntrica e bastante perspicaz, Maeve falava palavrão, bebia e vivia de maneira instável. Mas a rotina dos bares teve seu custo. O casamento de cinco anos com o igualmente desregrado gerente editorial da *New Yorker* foi um desastre. A saúde mental de Maeve era frágil, e no fim da década de 1960, quando as primeiras coletâneas de sua obra foram publicadas, seu comportamento tornou-se errático. Nos anos 1970, ela se mostrava assolada pelo alcoolismo, sem lugar certo para dormir, passando períodos no hospital ou sentada em silêncio na rua diante do escritório da *New Yorker*. Nos anos 1980, desapareceu, sendo finalmente encontrada por um fã após mais de uma década, em 1992, em uma casa de repouso. Ela morreu um ano depois. Seus livros estão sendo relançados, e Maeve é considerada uma contista talentosa.

A *New Yorker* foi criada em 1925, tendo Dorothy Parker no conselho editorial. Igualmente perspicaz e sempre mais feliz com um cigarro e uma bebida na mão, Dorothy trabalhou na publicação dezesseis anos antes de Maeve, mas sua vida seguiu a mesma trajetória de turbulências e reclusão.

VIRGINIA WOOLF

A *New Yorker* também publicou a obra ficcional de

MAEVE BRENNAN

MERCEDES DE ACOSTA

Estudou com

ENQUANTO DOROTHY Parker esteve no epicentro de seu grupinho megadescolado — a Távola Redonda do Algonquin — e sua poesia "melindrosa" desenhava quadros deslumbrantes da Era do Jazz em Nova York, sua obsessão por suicídio e tendências autodestrutivas estiveram sempre à tona.

A mãe morreu quando Dorothy tinha 5 anos, deixando-a à mercê do malquisto pai e da madrasta, a quem ela se referia, mordazmente, como a "governanta". O pai morreu sem um tostão, de modo que Dorothy precisou trabalhar — primeiro como pianista, depois escrevendo legendas para a Vogue. Seu estilo preciso logo lhe rendeu um emprego na *Vanity Fair*, na qual se tornou crítica teatral. Ela criou o hábito de, no horário de almoço, se encontrar no hotel Algonquin com os colegas escritores Robert Benchley e Robert E. Sherwood. O trio expandiu-se para um elenco de dezenas, conhecido como Távola Redonda, cuja sagacidade sarcástica foi amplamente reportada em colunas de jornais. No entanto, os comentários ásperos de Dorothy mostraram-se exagerados para a *Vanity Fair*, e ela foi demitida em 1920.

A vida amorosa de Dorothy era desorganizada. Ela se casou em 1917 com Edwin Pond Parker II, um viciado em morfina e álcool, mas se divorciou em 1928 após ela ter inúmeros casos. Depois se casou com o ator Alan Campbell — duas vezes, sem sucesso em nenhuma das tentativas.

Em 1925, Dorothy ajudou a fundar a revista *New Yorker*, que publicou muitos de seus poemas. Também escreveu peças, contos e, após se mudar para Hollywood, roteiros de cinema. A carreira como roteirista floresceu no início, mas perdeu força no fim da década de 1940, quando ela foi acusada de ser comunista.

Dorothy apoiou o movimento pelos direitos civis e os legalistas da Guerra Civil Espanhola, além de ter sido presa ao protestar contra a execução de dois anarquistas. Com sua morte — que ocorreu logo após um longo período de reclusão regado a solitários coquetéis matutinos e com a companhia apenas de seu cachorro —, todo o dinheiro, direitos autorais e *royalties* ficaram para Martin Luther King Jr., a quem ela nunca conheceu, mas admirava muito.

Martin Luther King Jr. também teve um papel importante na vida de Nichelle Nichols. A atriz pensava em abandonar a série *Star Trek* após a primeira temporada quando conheceu o dr. King em um jantar beneficente para a NAACP. Ele a convenceu de que, como uma das únicas personagens negras em papel de destaque na TV, e uma importantíssima referência, ela deveria permanecer no programa.

DOROTHY PARKER

JOSEPHINE BAKER foi celebrada no programa de Nichelle, *Reflections* [Reflexões]

NICHELLE CORAJOSAMENTE chegou aonde nenhuma afro-americana havia chegado ao interpretar em um programa de TV uma personagem que não era subserviente.

Grace Nichols, nome de registro de Nichelle, nasceu e cresceu em uma cidadezinha perto de Robbins, Illinois, EUA, onde o pai, Samuel, era prefeito e magistrado. A família mudou-se para Chicago, onde ela estudou na Chicago Ballet Academy. Começou a carreira como cantora e dançarina, apresentando-se com as orquestras de Duke Ellington e Lionel Hampton, aparecendo ao lado de Sammy Davis Jr. na versão cinematográfica de *Porgy and Bess* e assumindo papéis de peso, pelos quais foi indicada duas vezes para o Sarah Siddons Award.

Nichelle estourou com uma participação em *The Lieutenant* [O tenente], série televisiva sobre preconceito racial produzida por Gene Roddenberry. Dois anos depois, Roddenberry ofereceu-lhe um papel de destaque em sua nova série de ficção científica, *Star Trek*. A personagem de Nichelle era a Tenente Uhura, sendo o nome uma distorção de *uhuru* – "liberdade", em suaíli. Apenas por interpretar uma mulher confiante e inteligente no mesmo nível do restante do elenco, Nichelle rompeu barreiras, mas o programa derrubou outros tabus em 1968, quando Uhura beijou o Capitão Kirk. Esse é considerado o primeiro beijo inter-racial na rede de TV americana.

O interesse de Nichelle por exploração espacial estendeu-se para além de sua personagem. Após o cancelamento de *Star Trek*, ela foi trabalhar para a Nasa por meio de uma campanha muito bem-sucedida para recrutar mais funcionários negros e de outras minorias. Em 2015, ela até mesmo viajou a bordo do Observatório Estratosférico da Nasa em um voo de alta altitude.

Nichelle manteve uma próspera carreira como atriz e cantora, mas sempre teve orgulho de revisitar Uhura – ela participou dos filmes *Star Trek*, lançou um álbum inspirado na série e ainda é uma grande atração nas convenções de *trekkers*.

Ela foi inspiração para muitos: Whoopi Goldberg a citou como influência, e o presidente Obama revelou-lhe que tinha uma queda por ela quando adolescente. A astronauta Mae Jemison é muito sincera ao se pronunciar sobre o fato de Nichelle ser um exemplo a seguir: "Ela usou a fama para abrir caminho para outros – e fez isso sozinha". Após Mae realizar o sonho de viajar pelo espaço, conheceu Nichelle em uma convenção de *Star Trek* na Flórida e então participou de um episódio de *Star Trek: The Next Generation*.

NICHELLE NICHOLS

MAE JEMISON

convidou-a para um jantar na Casa Branca com o objetivo de inspirar garotas

MICHELLE OBAMA

BEYONCÉ

enalteceu-a como uma "heroína não reconhecida" durante o Mês da História Negra em 2014

MAE JEMISON foi não somente a primeira afro-americana a viajar pelo espaço, mas também foi médica, voluntária do Corpo da Paz, professora e empresária.

Criada em Chicago, Illinois, EUA, Mae desde cedo queria ser cientista, e os pais a apoiaram. Era uma aluna inteligente, inspirada pelo mundo a seu redor e por episódios cotidianos. Fascinada pela aterrissagem da Apollo 11 na Lua, em 1969, se ressentia por não haver nenhuma mulher astronauta.

Simultaneamente aos estudos acadêmicos, Mae aprendeu dança e chegou a considerar uma carreira nos palcos. Porém, preferiu a escola de medicina e conseguiu uma bolsa de estudos na Universidade Stanford quando tinha apenas 16 anos. Além de liderar a Black Student Union [União dos Estudantes Negros], ela obteve diplomas de engenharia química e estudos africanos e afro-americanos, seguindo no doutorado em medicina pela Universidade Cornell.

Mae aplicou sua formação educacional para o bem, juntando-se ao Corpo da Paz em 1983 e servindo na Libéria e em Serra Leoa, onde supervisionou os cuidados a voluntários e atuou na pesquisa por vacinas. Ao retornar para os EUA, trabalhou como médica, mas se apegou ao sonho de infância de ser astronauta. Motivada ao ver Sally Ride tornar-se a primeira americana no espaço, Mae foi aceita no programa de astronautas da Nasa em 1987.

Em 1992, embarcou em seu primeiro e único voo espacial, como especialista de missão em uma viagem colaborativa entre EUA e Japão. Ao lado de seis outros astronautas, Mae completou 127 órbitas ao redor da Terra a bordo da espaçonave *Endeavour*. Ela conduziu uma pesquisa sobre células-tronco e experimentos sobre tontura, retornando para casa após quase duzentas horas no espaço. Coerente com seu passado de *trekker*, toda manhã ela cumprimentava a base com um dos bordões da série: "Frequências de saudação abertas".

Ainda lecionaria na Dartmouth College e na Cornell, onde fez campanha para incentivar estudantes de grupos minoritários a se interessarem pela ciência. Também fundou duas empresas de tecnologia e é uma ardorosa oradora pública.

Mae levou para o espaço alguns objetos cuidadosamente selecionados. Além de peças africanas para representar sua ascendência, havia uma foto de Bessie Coleman, a pioneira piloto afro-americana. Depois ela explicaria que só tinha ouvido falar de Bessie ao ingressar no programa da Nasa e que teria se sentido traída por isso. Considerava-a audaciosa e ousada — "todas essas coisas que nossos filhos aspiram a ser".

BESSIE COLEMAN

Durante o Mês da História Negra em 2014, foi enaltecida como uma "heroína não reconhecida" por

BEYONCÉ

BESSIE "RAINHA Bess" Coleman pairou acima de racismo, discriminação de gênero e pobreza a fim de se tornar a primeira americana a obter brevê de piloto internacional. Também foi a primeira mulher afro-americana e nativa americana a possuir brevê de piloto nos EUA, além de inspirar inúmeras outras aventureiras.

É impossível exagerar na descrição da pobreza e opressão em que Bessie nasceu. Os pais eram meeiros no Texas: a mãe, afro-americana, e o pai (que abandonou a família quando Bessie era jovem), de origem *cherokee* e afro-americana. Ela cresceu em um mundo onde a ira da Ku Klux Klan (KKK) era real, e a colheita de algodão era dura e pagava pouco. Além de estudar muito e obter notas excelentes em matemática, Bessie ajudava a sustentar e a cuidar dos doze irmãos e irmãs. Após terminar a escola, viajou para Oklahoma a fim de frequentar a faculdade, mas não conseguiu se manter e voltou para casa.

Inabalável em seu desejo de abandonar a vida de meeira, aos 23 anos Bessie mudou-se para Chicago, Illinois, onde trabalhou como manicure em barbearias. Ela passava o tempo conversando com pilotos veteranos da Primeira Guerra Mundial, o que despertou seu interesse por voar. Daí em diante, ficou obcecada pela aviação. Trabalhou e poupou dinheiro, além de conseguir apoio financeiro de líderes de comunidades afro-americanas. Então, em 1920, como as escolas de aviação nos EUA não aceitavam mulheres (e menos ainda mulheres negras), viajou a Paris com o objetivo de aprender a pilotar.

Em seis meses, Bessie obteve o brevê e estava ansiosa por decolar. No entanto, a fim de juntar dinheiro e realizar o sonho de abrir a própria escola de aviação para afro-americanos, percebeu que precisaria se tornar piloto de acrobacias. Para isso, deveria retornar à Europa e realizar treinamentos especializados.

Na volta aos Estados Unidos, Bessie foi sensação – destemida e com entusiasmo de sobra, girava e rodopiava em *loops* graciosos e manobras em 8 sobre multidões encantadas, sem deixar que imprevistos a detivessem. Quando um paraquedista não apareceu para uma demonstração, Bessie saltou de um avião no lugar dele.

Sua fama cresceu, e ela recebeu a oferta para participar de um filme, *Shadow and Sunshine* [Sombra e luz do sol]. Porém, ficou claro que para o papel ela teria que usar roupas esfarrapadas e se render a um estereótipo, de modo que desistiu de prosseguir. Bessie agiria outras vezes conforme seus princípios: não se apresentava em shows aéreos que negassem o acesso a negros e fez muitos discursos e palestras, incentivando mais mulheres afro-americanas a pilotar.

Tragicamente, em 1926, comprou um avião mal-conservado que, após uma guinada desgovernada, caiu e causou a sua morte e a do mecânico. Cinco mil pessoas em Orlando, Flórida, e 15 mil em Chicago prestaram homenagem a Bessie nos serviços fúnebres. Em Chicago, entoaram "Jesus, Savior, Pilot me" [Jesus, salvador, me guie]. Esse hino seria interpretado de maneira impressionante por uma mulher que se mudou para Chicago um ano depois de Bessie morrer: Mahalia Jackson. As duas moraram no famoso bairro Bronzeville, e Bessie foi membro da congregação da Pilgrim Baptist Church – local que, com a colaboração de Mahalia, se tornaria o "berço do gospel".

A PROFUNDA voz de contralto de Mahalia Jackson virou trilha sonora para a luta dos afro-americanos pela igualdade. Ela se tornou uma estrela internacional e usou a fama e a presença majestosa para nobres propósitos nas marchas pelos direitos civis.

Sua infância em Nova Orleans, no estado de Louisiana, teve forte influência musical: o gospel escapava pelas portas das igrejas, bandas de jazz tocavam nas esquinas, e Mahalia vivenciava a influência de artistas do blues como Bessie Smith e Ma Rainey. Ela morava com outras doze pessoas em uma casinha governada com mão de ferro pela tia. A igreja se tornou o segundo lar de Mahalia, e sua voz impressionante fazia vibrar os alicerces da igreja batista Mount Moriah.

Aos 16 anos, Mahalia aderiu à grande migração para Chicago, Illinois, em busca de emprego. Ela começou arranjando trabalhos domésticos, mas se sentiu mais realizada viajando em turnê com corais gospel.

Mahalia estava decidida a nunca cantar melodias seculares, promessa que manteve na carreira, mas a qual lhe custou um contrato com a gravadora Decca e também seu casamento. A parceria profissional com o compositor Thomas A. Dorsey, no entanto, deu origem à "Era de Ouro do Gospel".

Seu primeiro sucesso veio com o single "Move on up a Little Higher", que vendeu 8 milhões de cópias e a tornou uma celebridade nos EUA e na Europa. Mahalia ficou conhecida como a "maior cantora gospel do mundo" e protagonizava shows em palcos como o Carnegie Hall, onde se apresentou para uma plateia multiétnica. Fez pontas em filmes, cantou no Newport Jazz Festival com Duke Ellington e no baile inaugural de John F.

Kennedy. Talvez o auge de sua carreira tenha sido a performance na Marcha sobre Washington em 1963, quando o amigo Martin Luther King Jr. fez o famoso discurso. Algumas testemunhas alegam que Mahalia gritou enquanto ele falava: "Conte sobre seu sonho, Martin", direcionando-o ao lendário clímax.

Mahalia morreu aos 60 anos e recebeu duas cerimônias fúnebres: uma em Chicago, onde 50 mil pessoas passaram diante de seu caixão e 6 mil compareceram à celebração, e outra em Nova Orleans, da qual participaram outros milhares.

Ao lado de Mahalia na NAACP, e também amiga de Martin Luther King Jr., estava uma mulher com cunho político mais assumido: Nina Simone.

Durante sua turnê final ela conheceu

INDIRA GANDHI

MAHALIA JACKSON

Tinha como fã dedicada PATTI SMITH

Considerava a França muito mais progressista e decidiu imigrar para lá, assim como JOSEPHINE BAKER

TEMPESTUOSA, JUSTA e com talento incandescente, Nina Simone ultrapassou as barreiras de gênero e levou uma vida sem fazer concessões.

Eunice Kathleen Waymon nasceu na Carolina do Norte e mostrou logo cedo o talento prodigioso ao piano. Financiada por patrocinadores locais, frequentou a Juilliard School em Nova York e depois candidatou-se para uma bolsa no Curtis Institute of Music na Filadélfia. Apesar de ter arrasado no teste admissional, não conseguiu a vaga — por ser negra, segundo ela. A experiência alimentou a raiva que impulsionou toda a sua carreira.

Em 1958, Nina viveu um breve casamento com o *beatnik* Don Ross e gravou o *single* que a revelou, "I loves you, Porgy". O álbum lançado a seguir, *Little Girl Blue*, foi um sucesso, e dezenas de outros viriam no futuro.

Em 1961, Nina estava casada com Andrew Stroud e, em 1962, deu à luz a filha Lisa. O relacionamento com Stroud, que se tornaria seu agente, era turbulento e abusivo. Além disso, Nina, que depois seria diagnosticada com transtorno bipolar, tinha dificuldades em controlar seu temperamento: punia fisicamente e repreendia quem não se comportasse bem na plateia.

Em meados da década de 1960, a música de Nina tornara-se associada ao movimento pelos direitos civis. A amiga dramaturga Lorraine Hansberry incentivou-a a canalizar a raiva em sua arte.

Nina depois escreveu: "Nós nunca falávamos sobre homens ou roupas. Eram sempre Marx, Lênin e revolução — uma conversa de garotas de verdade". Ela tocou um repertório que incluía o hino de protesto "Mississippi Goddam" no fim de uma das marchas de Selma a Montgomery, na qual conheceu Martin Luther King Jr., em 1965.

Estava convencida, porém, de que o engajamento político prejudicava sua carreira. Desiludida, deixou os EUA na década de 1970, indo morar em países como Barbados, Libéria e Suíça antes de se assentar na França nos anos 1990.

Durante os anos 1980, uma nova geração descobriu Nina por meio do lançamento de suas obras em CDs e porque sua música era usada em propagandas. Em 2003, dois dias antes de sua morte, o Curtis Institute a premiou com um diploma honorário, e ela faleceu sabendo que seu talento colossal havia sido reconhecido, tanto pela crítica quanto pelo público.

Nina tinha amizade com a também ativista política Angela Davis, que se dizia grande admiradora de sua música e reconhecia que suas performances eram por vezes a única contribuição feminina em protestos políticos. Quando Angela estava na prisão, recebeu a visita de Nina, que se atrasou porque trazia de presente para ela uma bexiga vermelha cheia de gás hélio, com a qual os guardas haviam implicado. Angela guardou a bexiga como um tesouro mesmo depois de murcha.

NINA SIMONE

ANGELA DAVIS

Foi presa pelo ativismo político, assim como SYLVIA PANKHURST

NA LUTA pela igualdade racial, Angela Davis trouxe à tona questões femininas em meio ao movimento pelos direitos civis e também desafiou o sistema capitalista nos EUA.

Nascida em Birmingham, Alabama, local que estaria no centro da ação pelos direitos civis, Angela Yvonne Davis passou a infância na igreja e no grupo de escoteiras, ao lado de quem marcharia em protesto contra a segregação racial. Durante a adolescência, a mãe, Sallye Bell Davis, tornou-se representante nacional do Southern Negro Youth Congress [Congresso da Juventude Negra do Sul], e o cotidiano de Angela foi marcado pela política comunista e pelo ativismo: ela organizava grupos de estudos inter raciais que eram desmantelados pela polícia. Aos 15 anos, mudou-se para Nova York a fim de seguir no ensino médio e ali conheceu pensadores mais radicais e juntou-se a um grupo de jovens comunistas.

Após completar a graduação em filosofia pela Universidade Brandeis, em Massachusetts, Angela passou dois anos na Alemanha, retornando depois para a Universidade da Califórnia. Lá, aliou-se aos Panteras Negras e desempenhou papel ativo no grupo negro comunista Che-Lumumba Club.

Angela assumiu o posto de professora de filosofia na universidade e então fez uma viagem para Cuba que reforçou suas convicções de que um sistema socialista forneceria a base para a igualdade social. Ao retornar, descobriu que a diretoria da universidade, incentivada pelo governador da Califórnia, Ronald Reagan, estava tentando demiti-la. Após uma batalha legal, ela conseguiu o emprego de volta, mas foi mandada embora novamente um ano mais tarde.

Depois de um violento protesto em um tribunal, no qual quatro pessoas morreram, Angela foi acusada de sequestro, conspiração e assassinato. Fugiu da Costa Oeste, mas foi presa em Nova York e reenviada para uma prisão na Califórnia. A enorme campanha internacional Free Angela Davis [Libertem Angela Davis], que contou com o apoio de nomes como Rolling Stones, Bob Dylan e Yoko Ono – todos os quais escreveram músicas dedicadas a Angela –, prefaciou sua absolvição em 1972, após dezesseis meses de encarceramento.

Ela se tornou uma palestrante disputada no mundo todo e retomou a carreira de professora em 1980, na Universidade Estadual de São Francisco. Naquele ano, casou-se com o fotógrafo Hilton Braithwaite, mas se divorciou três anos depois. Assumiu-se lésbica em 1997.

Angela continua sendo uma ativista política fervorosa, concentrando-se em reforma prisional, racismo, machismo e imperialismo americano.

Marchando com grandes óculos escuros, botas de cano alto e minissaia pelos direitos das mulheres ao lado de Angela Davis estava Gloria Steinem. Ela era a presidente do comitê para arrecadação de fundos da campanha Free Angela Davis e se mantém como grande aliada de Angela até hoje.

GLORIA STEINEM!

foi entrevistada por e recebeu a Medalha Presidencial da Liberdade assim como

OPRAH WINFREY

SOJOURNER TRUTH

foi a inspiração para o título original da revista *Ms.*

A POPULARIZAÇÃO do termo "Ms." [de *Miss*, senhorita em inglês] se deve a Gloria Steinem, jornalista e pioneira da segunda onda do movimento feminista.

Neta de uma sufragista, ativista pela educação e heroína do Holocausto, Gloria herdou da avó o ardor e a orientação política. Sua infância foi itinerante — todo ano a família ia e voltava de Michigan à Flórida, comprando e vendendo antiguidades, até que o pai os abandonou. A saúde mental da mãe era frágil, dificultando-lhe se manter em um emprego, de modo que Gloria cuidava dela.

Gloria graduou-se em 1956, passou um tempo estudando na Índia e então embarcou na carreira de jornalista. As questões femininas lhe eram tópicos regulares, mas ela se tornou mesmo "ativista feminista" quando cobriu um encontro sobre aborto para a revista *New York*. Depois escreveria artigos como "Após o Black Power, a Libertação das Mulheres" para a publicação.

Em 1971, juntou-se a 300 outras integrantes e formou o National Women's Political Caucus [Fórum Político Nacional de Mulheres], com o objetivo de atrair mais mulheres para a vida política. Logo depois, em 1972, cofundou a *Ms.*, revista feminista que abordava questões como violência doméstica, pornografia, casamento homossexual e mutilação da genitália feminina — temas que estavam sendo tratados pela primeira vez em público.

A primeira edição trazia na capa uma deusa dona de casa (não remunerada) no estilo de Vishnu. As 300 mil cópias foram vendidas em oito dias.

Em paralelo à carreira jornalística, Gloria era ativa nas campanhas, tornando-se um ícone para as feministas da segunda onda, e estava envolvida com o Partido Democrata.

O diagnóstico de câncer de mama em 1986 não diminuiu seu embalo; com tratamento, Gloria venceu a doença, retomou o ativismo e, em 1992, fundou a Choice USA (hoje chamada URGE), uma organização pró-escolha focada em jovens.

Talvez a ocasião em que Gloria mais tenha surpreendido o mundo foi quando se casou, aos 66 anos, com o ativista pelos direitos animais David Bale, morto três anos depois devido a um linfoma cerebral. Gloria teve um programa na TV, *Woman*, e seguiu escrevendo livros e militando: "A ideia de se aposentar é tão alheia a mim quanto a ideia de caçar".

Enquanto Gloria lutava contra o machismo nas ruas, uma jovem tenista, Billie Jean King, liderava uma batalha igualmente apaixonada nas quadras contra o chauvinismo. As duas eram amigas e aliadas; Billie Jean estava na lista das mulheres que admitiram ter feito um aborto publicada na primeira edição da revista *Ms.* Gloria também ajudou Billie Jean a fundar a revista *womenSports* e a Women's Sports Foundation, que auxilia mulheres atletas a obter bolsas em universidades.

Foi inspirada pela capacidade de liderança de

ELEANOR ROOSEVELT

BILLIE JEAN King não apenas foi uma das maiores tenistas de todos os tempos, como disparou golpes vigorosos contra a desigualdade de gênero dentro e fora das quadras.

Filha de pais proletários e metodistas, que financiavam sua paixão pelo esporte, Billie Jean começou a jogar tênis aos 11 anos, progredindo rapidamente e disputando torneios. Aos 15 anos, com seu estilo de bater forte na bola, chamou a atenção de Alice Marble, ex-jogadora e vencedora do Grand Slam, com quem passou a treinar.

Quando Billie Jean tinha 17 anos, ela e Karen Hantze, apesar de não serem cabeças de chave, venceram o título de duplas femininas em Wimbledon. Nessa época, Billie Jean dava aulas de tênis e batalhava nos torneios, por fim vencendo o primeiro campeonato de simples em Wimbledon em 1966. Na carreira, ela levaria um total de 39 títulos do Grand Slam, entre simples e duplas, atingindo o auge em 1972, quando conquistou três.

Em 1970, Billie Jean integrou-se ao inaugural Virginia Slims Circuit para mulheres e começou a receber altas somas em dinheiro, mas era frustrada por saber que ela e outras tenistas ganhavam menos que os homens. Direcionou essa fúria para um efeito positivo, apoiando a lei Title IX que protegia as mulheres da discriminação e lhes permitia usufruir de bolsas universitárias — algo que havia sido negado a ela.

Em 1973, a ameaça de boicotar o US Open funcionou: esse foi o primeiro torneio a oferecer o mesmo prêmio em dinheiro para homens e mulheres. Encorajada pelo resultado, no ano seguinte Billie Jean e o marido, Larry King, fundaram a liga de gêneros mistos World Team Tennis.

O ativismo de Billie não passou despercebido. Um dos homens mais machistas no circuito do tênis era Bobby Riggs, ex-jogador e vencedor de Wimbledon. Ele gostava de causar confusão, desafiando as tenistas a o derrotarem. Billie Jean o enfrentou em setembro de 1973 na partida televisionada chamada de a "Batalha dos Sexos" e venceu em três sets diretos — um poderoso símbolo para mais de 50 milhões de espectadores do emergente movimento das mulheres no mundo.

Billie Jean aposentou-se em 1975, mas havia mais batalhas a lutar. Após sua ex-namorada Marilyn Barnett mover um processo contra ela exigindo uma pensão — o que a forçou a sair do armário e a tornou a primeira atleta feminina importante a se assumir lésbica —, Billie Jean perdeu todos os patrocínios. No entanto, emergiu como representante da comunidade LGBT e ganhou a Medalha Presidencial da Liberdade pelo trabalho nessa área.

Contemporânea de Billie Jean King, Oprah Winfrey também recebeu a Medalha Presidencial da Liberdade e é igualmente dedicada à paridade salarial para as mulheres. Billie Jean participou do episódio "Women Who Changed the World" [Mulheres que mudaram o mundo] do programa de Oprah, ao lado de Gloria Steinem. Tanto Billie Jean quanto Oprah tiveram papel central no projeto United State of Women Summit [Cúpula Feminina Americana] em 2016, que foi apoiado pelo White House Council on Women and Girls [Conselho da Casa Branca para Mulheres e Meninas].

BILLIE JEAN KING

OPRAH

WINFREY

BEYONCÉ

Entrevistou e é grande amiga de

Entrevistou e admira

MERYL STREEP

É amiga de e recebeu um prêmio batizado em homenagem a

BILLIE JEAN KING

DANDO FORMA ao próprio sonho americano, Oprah vivencia mais coisas em uma semana do que a maioria das pessoas em toda uma existência. Ela apresenta um *talk-show*, é atriz, administra uma rede de TV e tem uma revista. É a afro-americana mais rica e também atua como ativista e filantropa. Além disso tudo, ainda leva o crédito de ter reavivado sozinha o interesse pela leitura nos EUA com seu pioneiro clube do livro.

A infância de Oprah foi difícil. Ela nasceu na zona rural do Mississippi, de uma mãe adolescente, e viveu na pobreza — costumava usar vestidos feitos de sacos de batata. Morando em cada ocasião com um parente que desejava se livrar dela, acabou fugindo de casa aos 13 anos. Engravidou aos 14, mas infelizmente o filho morreu na primeira infância, e Oprah foi morar com o pai. Ele investiu em sua educação, e a menina começou a brilhar, sendo eleita a mais popular da escola e ganhando uma bolsa de oratória na Universidade Estadual do Tennessee. Durante a faculdade, Oprah trabalhou meio período como locutora de notícias na estação de rádio local e venceu o concurso de beleza para negras Miss Black Tennessee.

A carreira astronômica de Oprah teve início na televisão: atuou como âncora dos noticiários de Nashville e Baltimore, antes de se mudar para Illinois a fim de apresentar o decadente *talk-show AM Chicago*. Dentro de alguns meses, a simpática e confiante Oprah havia angariado audiência. O programa foi renomeado *The Oprah Winfrey Show* e dois anos depois estava sendo transmitido em âmbito nacional. No início, era ousado, mas focado em problemas sociais. Oprah promovia empatia ao compartilhar a própria vida turbulenta — as batalhas pela perda de peso, os relacionamentos amorosos e o abuso sexual durante a infância —, de modo que seus convidados confiavam nela e se abriam.

MAE JEMISON — foi entrevistada e contratada por ela para escrever um artigo

GLORIA STEINEM — é uma colaboradora de longa data

MISTY COPELAND — Tem defendido e apoiado

Em meados da década de 1990, as atitudes de Oprah amadureceram, e ela reformulou o programa para que se tornasse mais positivo, abordando questões sociais e histórias inspiradoras. Em 1996, iniciou seu popular clube de leitura, Oprah's Book Club, que fez com que todo livro indicado por ela virasse *best-seller* da noite para o dia. O programa chegou ao fim em 2011.

Em paralelo à TV, Oprah também se desenvolveu como atriz (recebeu uma indicação ao Oscar pelo papel em *A cor púrpura*), escritora (foi coautora de cinco livros) e na mídia — obteve a posse do *Oprah Winfrey Show* em 1986, fundou um canal de rádio, cofundou a rede feminina de televisão a cabo Oxygen e administra o canal de TV OWN: Oprah Winfrey Network. Sua revista, a *O, The Oprah Magazine*, foi considerada a start-up mais bem-sucedida de todos os tempos.

Uma das apresentadoras mais bem pagas do mundo e uma das mulheres mais ricas dos EUA, Oprah faz bom uso de seu dinheiro, contribuindo com a Harold Washington Library e com a faculdade em que se formou, entre outras instituições.

Oprah entrevistou um grande número de celebridades, entre elas Emma Watson aos 12 anos, com quem conversou sobre o lançamento do segundo filme da série *Harry Potter*. As duas têm muito em comum: ambas são praticantes de *mindfulness* [atenção plena] e criaram clubes de leitura bem-sucedidos. Em fevereiro de 2016, ao recomendar o segundo livro pelo clube — *A cor púrpura*, de Alice Walker —, Emma disse: "Um filme inspirado no livro foi feito em 1985 por Steven Spielberg. Foi a estreia de Oprah Winfrey no cinema e apresentou Whoopi Goldberg (adoro essas duas mulheres)".

ADORADA POR milhões graças à interpretação de Hermione Granger nos filmes da série *Harry Potter*, Emma Watson transcendeu sua condição de estrela-mirim. Ela é hoje uma atriz aclamada, estudante dedicada e ativista pelos direitos das mulheres, sem medo de combater "trolls" on-line como aqueles que encontrava nos corredores de Hogwarts. Nascida em Paris, Emma se mudou com a mãe e o irmão para a Inglaterra após os pais se divorciarem. Tinha 10 anos quando deu vida ao papel de Hermione — momento que mudaria sua vida para sempre. Sua atuação foi enaltecida pela crítica, e o filme obteve grande sucesso. Emma conquistou fama imensa e instantânea entre "trouxas" [seres não mágicos, em *Harry Potter*] do mundo todo e estrelaria outros sete filmes da franquia. Sua carreira continuou a decolar após a série, com papéis em filmes mais maduros como *As vantagens de ser invisível* e *Sete dias com Marilyn*.

Emma estudava muito com seus tutores nos sets de filmagem, conquistando notas altas, e depois frequentaria as universidades de Oxford e Brown, graduando-se pela última em 2014 em literatura inglesa. Em paralelo à carreira e aos estudos, também trabalhou com moda, atuando como modelo para a Burberry e a Lancôme, estampando a capa de inúmeras revistas e apoiando a marca People Tree, que pratica o comércio justo de roupas. Enquanto trabalhava com a People Tree em 2010, Emma visitou os operários em favelas de Bangladesh, onde seu interesse pelos direitos de todas as meninas à educação recrudesceu. Ela declarou seu apoio à Camfed, uma organização em prol da educação de meninas na África Subsaariana.

Em 2014, foi nomeada Embaixadora da Boa Vontade pela ONU e lançou a campanha HeForShe [ElesPorElas] com um discurso na sede da iniciativa. Malala Yousafzai depois contou a Emma ter

EMMA

começado a se autodeclarar feminista graças a seu discurso. A campanha teve alto impacto, e Emma precisou enfrentar fortes críticas nas mídias sociais, incluindo uma ameaça de publicação on-line de fotos suas nua, mas também contou com muitas mensagens de apoio. No ano seguinte, Emma figurou na lista das cem pessoas mais influentes da revista *Time*, sendo sua bandeira feminista enaltecida como corajosa e inteligente. Na capa dessa edição da *Time*, ao lado de Emma na lista dos mais influentes, estava a bailarina Misty Copeland, descrita por sua heroína, a ginasta Nadia Comaneci, como um "modelo para toda menina".

Amiga e colaboradora de

GLORIA STEINEM

Considerada uma das mulheres mais influentes pela revista *Time*, assim como

CHIMAMANDA NGOZI ADICHIE

WATSON

Misty Copeland

Amiga e colaboradora de **OPRAH WINFREY**

Foi apontada pela revista *Time* como uma das mulheres mais influentes, assim como **CHIMAMANDA NGOZI ADICHIE**

A PRIMEIRA dançarina afro-americana a ocupar o posto principal do American Ballet Theatre, Misty Copeland redefiniu a narrativa, a cor da pele e até a silhueta da bailarina tradicional.

O pano de fundo familiar de Misty foi caótico: a mãe teve uma série de casamentos e relacionamentos, e Misty morava com os cinco irmãos e irmãs. Porém, ela escapou dessa desordem graças à escola, na qual fazia parte da equipe de líderes de torcida. Ao notar o talento da pupila de 13 anos, a professora a incentivou a tentar o balé, e Cynthia Bradley (professora numa pequena escola de balé local) lhe concedeu aulas e equipamento de graça.

Cynthia tinha convicção de que as habilidades prodigiosas de Misty deveriam ser cultivadas. A família da garota morava então em um quarto duplo de hotel, de modo que Cynthia a levou para seu próprio lar. Aos 15 anos, Misty passou a estudar em casa a fim de ter mais tempo para dançar. Começou a ganhar competições e prêmios e participou de importantes workshops. Sua florescente carreira perdeu o equilíbrio quando a mãe, ressentindo o "esnobismo" de Bradley, entrou em uma batalha legal pela custódia de Misty. Isso a compeliu a voltar para a família e a escola, treinando apenas à tarde.

Aos 17 anos, Misty aderiu ao programa de treinamento do American Ballet Theatre (ABT) em Nova York, juntando-se à companhia de teatro. Mais tarde, progrediu para o corpo de baile, no qual era a única bailarina negra entre os oitenta integrantes. Misty revelou que nessa época sofria com distúrbios alimentares, sentindo-se pressionada para se adequar ao padrão da bailarina "ideal". Diz que, conforme ganhou confiança como artista e consigo mesma, começou a aceitar seus músculos e curvas.

Os papéis de Misty ganharam proeminência, e ela foi considerada uma dançarina de destaque. Em 2007, aos 24 anos, tornou-se uma das bailarinas solo mais jovens do ABT, brilhando com sua sofisticação em produções como *O quebra-nozes*, *O pássaro de fogo* e as partitas de Bach. Misty diz ter sido "extraordinário" apresentar *O pássaro de fogo* para plateias em que a metade fosse constituída por afro-americanos. Fora do exclusivista mundo do balé, em 2009 Misty participou do clipe de Prince para a música "Crimson and Clover", além de dançar com ele em turnê.

A maior conquista de Misty ainda estava por vir. Em 2015, ela assumiu como primeira bailarina do ABT — a única negra em 75 anos de história da companhia e uma das menos de dez bailarinas afro-americanas a chegarem ao posto principal na história dos EUA. Em 2016, protagonizou uma produção de *Romeu e Julieta* na Metropolitan Opera House. Porém, por uma única noite durante a temporada do espetáculo a função foi entregue a outra dançarina notável, para quem o papel havia se tornado totêmico: a bailarina de 53 anos Alessandra Ferri.

EM SUA trajetória, a elegantíssima Alessandra quebrou as convenções e as fronteiras do mundo da dança: foi tanto uma das mais jovens primeiras bailarinas do Royal Ballet britânico como uma das mais velhas a se apresentar.

Nascida em Milão, Alessandra estudou na Escola de Balé do Teatro La Scala e então na britânica Royal Ballet School; depois, aos 15 anos, juntou-se ao Royal Ballet do Reino Unido. Ali, tornou-se a musa do coreógrafo sir Kenneth MacMillan, assumindo como primeira bailarina aos 19 anos. Seu primeiro papel como protagonista foi como a sombriamente apaixonada Maria Vetsera em *Mayerling*, seguido de uma tempestuosa Julieta em *Romeu e Julieta*. Muitos pensaram que ela lideraria a companhia, mas, inesperadamente, a pedido de Mikhail Baryshnikov, foi transferida para o American Ballet Theatre, onde passou por treinamento mais pesado e recebeu ótimas críticas pelos papéis principais de Giselle, Manon, Anastasia e Julieta, além de Catarina em *A megera domada*. Ela também dançou com Rudolf Nureiev no espetáculo em homenagem aos 50 anos dele em Los Angeles.

Em 1992, Alessandra encerrou sua participação no ABT para se tornar uma estrela convidada. O espetáculo que escolheu como agradecimento final foi, claro, *Romeu e Julieta*. Ela foi considerada *prima ballerina assoluta* no La Scala, em Milão.

Aos 44 anos, Alessandra acreditava que sua carreira havia chegado ao fim e desejava dedicar mais tempo às duas filhas. Ela abriu mão não somente do balé, mas de toda atividade física, até descobrir que sentia falta da criatividade e da satisfação de dançar. Após começar a sofrer com dores nas articulações, voltou a praticar ioga,

ALESSANDRA FERRI

pilates e, aos poucos, balé. Aos 52 anos, recomeçou a dançar profissionalmente em papéis escolhidos a dedo – não as partes difíceis e fisicamente mais exigentes (as quais antes ela desempenhava com facilidade), mas aquelas criadas para dançarinos mais velhos. Alessandra foi enaltecida pelas performances triunfantes e inovadoras: o papel principal [Eleonora Duse] em *Duse*, o de Léa em *Chéri* (baseado no romance de Colette) e – em outra produção inspirada na literatura – o de Mrs. Dalloway no espetáculo *Woolf Works* [baseado em três livros de Virginia Woolf] do Royal Ballet.

COLETTE

escreveu o romance *Chéri*, em cuja adaptação Alessandra dançou no papel de Léa

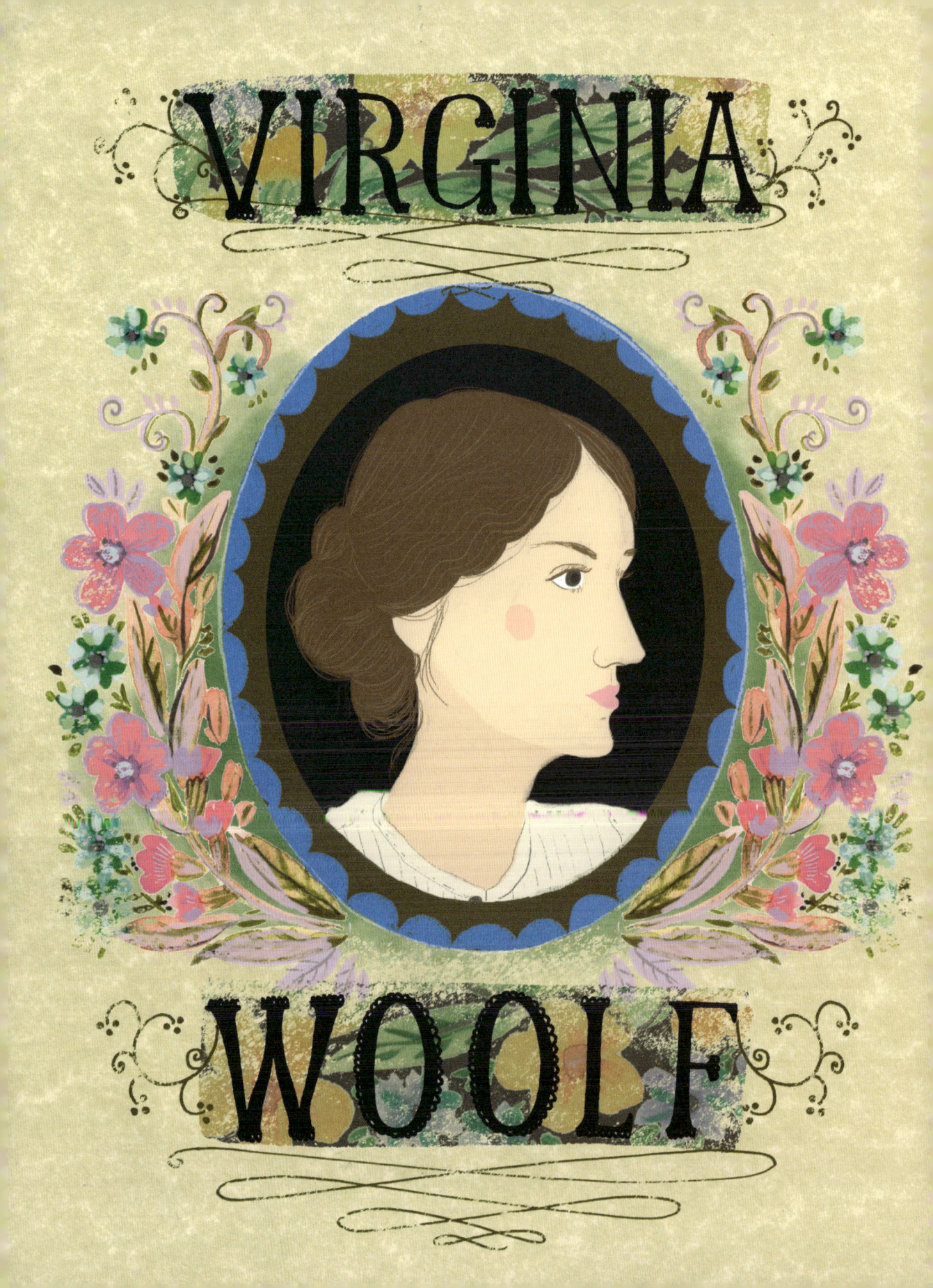

VIRGINIA WOOLF

Orlando foi transformado em ópera com libreto escrito por **ANGELA CARTER**

Escreveu um ensaio em defesa de **GEORGE ELIOT**

DE PERSONALIDADE complexa, com frequência acometida por crises depressivas, Virgínia escreveu romances pioneiros que ainda repercutem.

O pai de Adeline Virginia Stephen era escritor e alpinista, e a mãe, uma belíssima enfermeira imortalizada em pinturas pré-rafaelitas. Virginia morava com eles e os sete irmãos e meios-irmãos em Kensington, Londres.

De início a infância de Virginia foi tranquila, mas o abuso sexual por parte dos meios-irmãos e a morte da mãe e da meia-irmã desencadearam vários colapsos nervosos. Ela não frequentou a escola, mas praticou pintura e depois estudou alemão, grego e latim no King's College de Londres. Porém, a morte do pai em 1904 a desequilibrou totalmente, e ela foi internada por um breve período.

A família vendeu a casa em Kensington e comprou outra em Bloomsbury, na qual organizavam reuniões semanais com intelectuais, artistas e livres-pensadores: era o Bloomsbury Group. Assim Virginia conheceu o escritor Leonard Woolf, e os dois se casaram em 1912.

Desde 1905 Virginia escrevia resenhas e também trabalhava no romance *Melymbrosia*. Distorcido e envolvente, o livro brincava com estrutura, narrativa e prosa num estilo quimérico e, em 1915, foi publicado como *A viagem*. Dois anos depois, os Woolf fundaram a editora experimental Hogarth Press e publicaram vários dos livros de Virginia, incluindo *Mrs. Dalloway*, *Ao farol* e *As ondas*.

Em 1922, Virginia conheceu a aristocrática escritora Vita Sackville-West, e as duas tiveram um relacionamento amoroso. Vita dava suporte ao frágil estado mental de Virginia, tanto emocional quanto financeiramente — ela inclusive optou por publicar seus romances mais comerciais pela Hogarth. Em troca, Virginia se baseou em Vita para criar o charmoso herói de *Orlando*.

Reconhecida como escritora e oradora pública, Virginia embarcou no que seria seu último manuscrito. Conforme trabalhava, imergia em profunda depressão. A Segunda Guerra Mundial assolava a Europa, e Virginia se preocupava com o que aconteceria a ela e ao marido judeu caso os nazistas invadissem o país. Quando sua casa em Londres foi bombardeada, Virginia não viu outra saída: encheu os bolsos do casaco com pedras e caminhou até o rio próximo a seu segundo lar na área rural de Sussex. Seu corpo foi encontrado três semanas depois.

Apesar de Virginia Woolf e Georgia O'Keeffe nunca terem se conhecido, eram parecidas na abordagem às respectivas artes. Ambas usavam flores metaforicamente — Virginia menciona oito espécies diferentes em sua obra ficcional, e um sexto dos trabalhos de Georgia foi inspirado em flores. Em maio de 1925, a revista literária *The Dial* usou uma das pinturas de O'Keeffe, *Flagpole* [Mastro de bandeira], para ilustrar um ensaio de Woolf, "The Lives of the Obscure" [As vidas do obscuro].

DETERMINADA DESDE cedo, Georgia retratava a natureza e a paisagem com um estilo moderno que a tornou uma das artistas mais veneradas do século XX.

Tendo crescido com os seis irmãos em uma fazenda de trigo no Wisconsin, Georgia sempre esteve conectada à terra e à natureza. Seu interesse pela arte foi encorajado, e aos 10 anos ela sabia que queria ser artista. Estudou na School of the Art Institute de Chicago e em Nova York, mas precisou voltar para o lar familiar em Charlottesville devido à falência do pai, e ali se viu obrigada a dar aulas de arte.

Em 1915, enquanto lecionava no Columbia College, começou a fazer experiências com esboços em carvão, e logo sua obra foi exposta pelo fotógrafo e patrocinador Alfred Stieglitz na galeria 291 em Nova York. Um ano depois, Georgia mudou-se para lá e iniciou um relacionamento romântico e artístico com Alfred — ele tirou mais de 300 fotos dela de intensa beleza —, e os dois se casaram em 1924. Inicialmente ela começou a trabalhar em suas características pinturas de flores, enquadrando em primeiro plano e em larga escala botões perfeitos, com intensa carga emocional. Depois seus quadros passaram a refletir o ambiente ao redor — ela pintava arranha-céus, capturando o estimulante burburinho da Era do Jazz e transmitindo todo o ritmo na tela. Georgia era na época uma das artistas americanas mais bem-sucedidas.

Em 1928, com o coração partido após descobrir a infidelidade do marido, Georgia fugiu da sufocante cena social da cidade para o Novo México, onde comprou uma casa, o Ghost Ranch [Rancho Fantasma]. Sentiu-se inspirada pela paisagem árida e pelos crânios brancos, e o isolamento ajustou-se bem à sua personalidade reclusa. A década de 1940 acolheu importantes exposições de Georgia, incluindo uma no Museu de Arte Moderna de Nova York, no

GEORGIA

qual ela foi a primeira mulher a ter uma retrospectiva. Em 1946, Alfred sofreu uma trombose, e ela correu para Nova York a fim de estar com ele no último momento. Após organizar os negócios, mudou-se permanentemente para o Novo México. Morreu aos 98 anos, e suas cinzas foram espalhadas pelo Ghost Ranch.

À época em que descobriu o caso de Alfred com a jovem fotógrafa Dorothy Norman, Georgia teve um colapso nervoso e passou um período no hospital. Em seu pior momento, recebeu uma bela e solidária carta de uma amiga, a artista Frida Kahlo. Esta lhe contou como estava preocupada com a saúde de Georgia e como desejava ver e falar com ela outra vez. As duas haviam se conhecido nos EUA em 1933, e Frida cultivou essa amizade, talvez com a esperança de que se desenvolvesse em uma relação de cunho romântico. Depois, em 1951, Georgia retribuiria o apoio ao visitar a acamada Frida no México.

GERTRUDE STEIN

Frequentava os salões de Mabel Dodge Luhan, assim como

O'KEEFFE

FRIDA KAHLO

Inspirou um vestido desenhado por

ELSA SCHIAPARELLI

Enquanto esteve em Paris, teve um caso com

JOSEPHINE BAKER

OS QUADROS de Frida Kahlo refletem com cores vibrantes sua história de vida. Icônica nos sentidos mais literais, ela é famosa tanto pelo visual ousado quanto pela obra fantástica e pela trajetória transgressora e instável.

Magdalena Carmen Frida Kahlo y Calderón nasceu na Cidade do México, era espirituosa e provocadora, apesar de ter sofrido um grave episódio de poliomielite aos 6 anos. Destacava-se bastante na escola — era uma das poucas meninas e se vestia com roupas tradicionais coloridas e brilhantes. Quando adolescente, observava por horas o pintor Diego Rivera esboçar um mural na parede da escola (o que muito irritava a então esposa dele, Guadalupe "Lupe" Marín). Frida e os colegas formaram um grupo artístico rebelde, Los Cachuchas, cujos membros se tornariam as principais mentes pensantes do México.

Aos 18 anos, Frida envolveu-se em um acidente de ônibus, o qual deixaria como consequência dores crônicas que a assolariam por toda a vida. Durante a recuperação, ela começou a pintar. Muitos de seus quadros eram autorretratos; afinal, Frida constituía o tema ideal: era pouco convencional — vestia-se como menino, relacionava-se com mulheres — e tinha uma aparência espetacular.

Em 1928, aos 21 anos, reconectou-se com Diego. Ele tinha 42 anos e era fisicamente muito maior que Frida, mas possuía uma atitude de "macho beta" que ela adorava — atuava contra a cultura machista arraigada no país e tratava as mulheres de maneira igualitária. Os dois se casaram em 1929 e levaram uma vida itinerante, viajando para onde Diego recebesse uma encomenda para pintar.

Diego teve inúmeros casos, inclusive com a irmã de Frida, Cristina. Frida magoava-se e despejava suas emoções — agravadas por vários abortos e outras cirurgias — em suas pequenas e detalhadas obras. Era como se tivesse um diário pintado. Ela também viveu os próprios relacionamentos com outros homens e mulheres. Supostamente teria mantido um caso com o exilado líder comunista soviético Leon Trótski, que quando pediu asilo ao governo do México morou um período na casa dela.

Em 1939, após muitos romances dos dois lados, Diego e Frida se separaram, mas voltaram a se casar em 1940.

Frida, que se declarava melhor artista que o marido, participou de exposições no mundo todo e pintava retratos pictóricos, mas não desfrutou de grande fama durante a vida. Após sua morte, em parte por ser considerada uma das primeiras feministas, o culto em torno de sua pessoa cresceu e seus quadros passaram a valer vultuosas quantias.

A fisicamente frágil Frida talvez não pareça o tema ideal para um balé, mas *Broken Wings* [Asas quebradas], de Annabelle Lopez Ochoa, conta a história dela e de Diego. A peça, que estreou no English National Ballet em 2016, foi protagonizada por Tamara Rojo, dançarina e diretora da companhia. Rojo a encomendou como parte de uma obra composta por três espetáculos, todos coreografados por mulheres — algo bastante incomum no universo do balé.

PINA BAUSCH

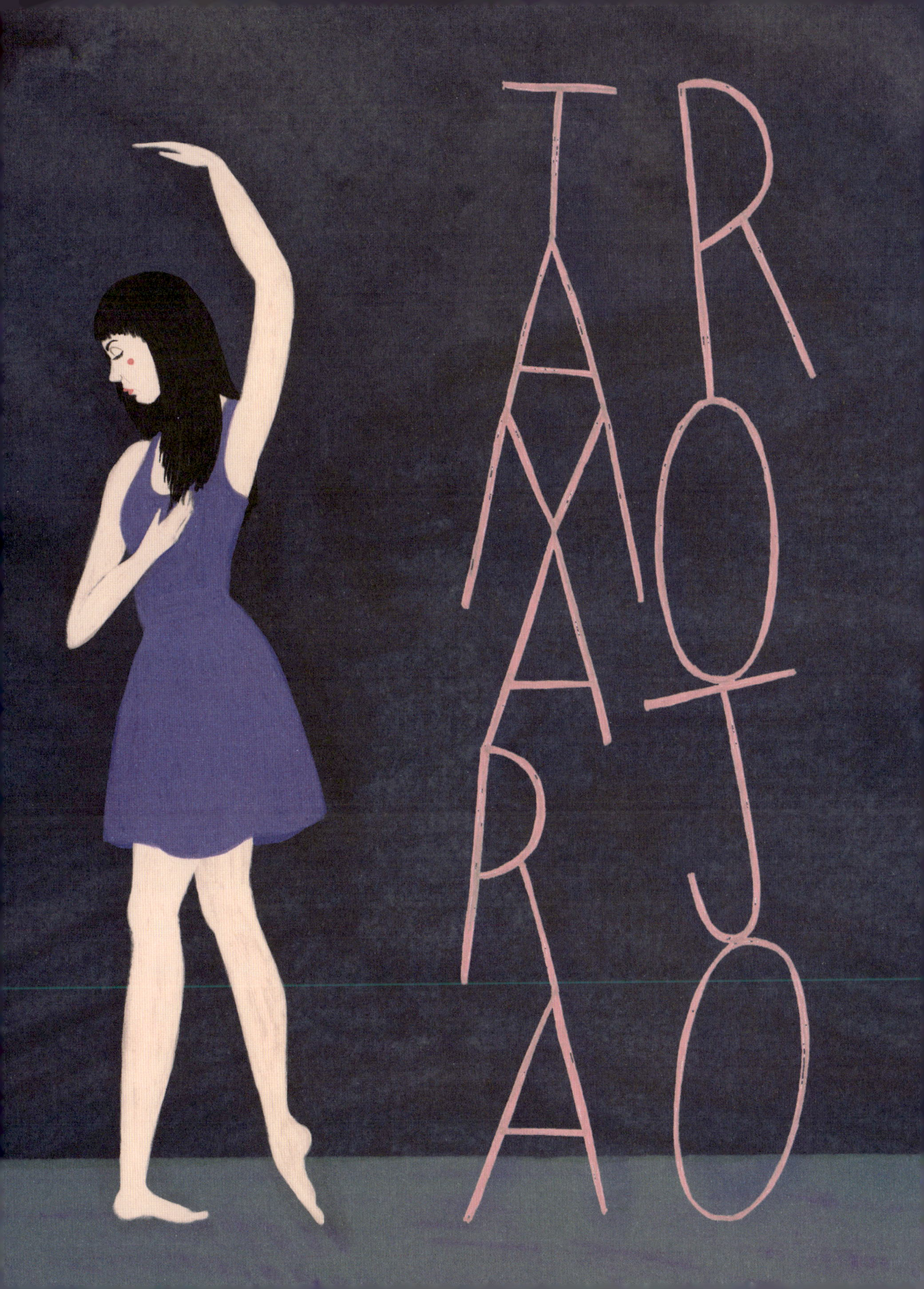
TAMARA
ROJO

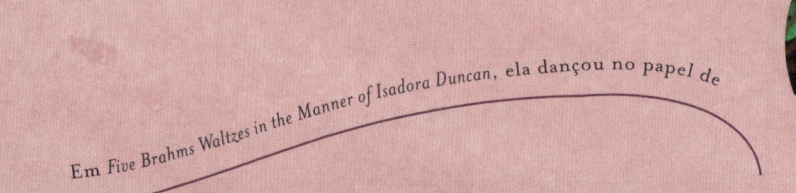

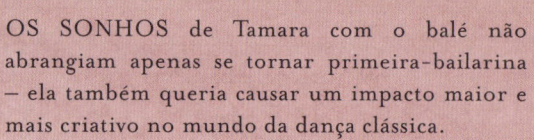

Em *Five Brahms Waltzes in the Manner of Isadora Duncan*, ela dançou no papel de

ISADORA DUNCAN

OS SONHOS de Tamara com o balé não abrangiam apenas se tornar primeira-bailarina — ela também queria causar um impacto maior e mais criativo no mundo da dança clássica.

Filha de pais espanhóis e ativistas radicais anti-Franco, Tamara nasceu no Canadá, mas a família voltou para a Espanha quando ela tinha 4 meses. O interesse de Tamara pela dança despertou quando ela viu as colegas fazendo aulas de balé após a escola, em Madri. Começou a treinar aos 5 anos, tornando-se estudante em tempo integral no Conservatório Real de Dança de Madri aos 11. Os pais a apoiavam sem restrições, sacrificando-se financeiramente para financiá-la, mas também insistiam para que ela frequentasse aulas acadêmicas à noite. Essa dupla educação deu a Tamara a formação intelectual e física necessária para sua carreira.

Tamara deixou Madri para se juntar ao Scottish National Ballet, assumindo papéis principais antes de se transferir para o English National Ballet (ENB). Ali, Derek Deane criou a personagem de Clara para ela em sua versão de *O quebra-nozes*, que foi um sucesso de crítica e público. Tamara seguiu para o Royal Ballet, do qual se tornou primeira bailarina.

À época, Tamara tinha a tendência de ir até o limite, independentemente de sua condição física: dançou a peça *Giselle* com uma torção no tornozelo e teve uma crise de apendicite durante uma apresentação. Foi depois novamente hospitalizada por retornar aos palcos cedo demais. No entanto, em 2003, uma contusão severa no pé a fez perceber que precisava cuidar melhor do corpo.

Em 2006, o governo espanhol a abordou com a intenção de criar uma companhia similar ao ENB. O projeto não foi para a frente, mas Tamara gostou da ideia de atuar nos bastidores. Ela teve como mentora Karen Kain do National Ballet of Canada e então, em 2012, tornou-se diretora artística do ENB.

Para Tamara, a dança é uma arte e, muito além de simplesmente demonstrar habilidades atléticas, transmite emoções, as quais ela se esforça para comunicar a seus dançarinos. Seu programa mistura o pragmático — a companhia precisa ser financeiramente estável — com ousadia. Ela já encomendou obras de coreógrafas relativamente desconhecidas, balés com temáticas de guerra e peças herméticas criadas por William Forsythe e Pina Bausch.

Tamara se declarou "verdadeiramente honrada" em apresentar "com muita humildade" a peça *A sagração da primavera*, de Pina Bausch, em Londres, e prestou tributo à coreógrafa. "Pina Bausch foi uma artista fantástica e permanece como uma das pessoas mais influentes para a cultura moderna atual. Sua obra transcende qualquer descrição; nos afeta em um profundo nível emocional, conversando com nossa alma e desafiando a análise lógica".

ISADORA DUNCAN

Rebelou-se contra a ortodoxia no balé, assim como

OS MÉTODOS criativos revolucionários de Pina Bausch causaram uma mudança profunda na dança. O foco nas emoções mais cruas de seus artistas, os cenários sombriamente dramáticos e as coreografias selvagens repercutiram além do mundo do balé, nos universos do teatro, do cinema e da TV.

Philippina (Pina) cresceu nos aposentos em cima do restaurante dos pais em Solingen, Alemanha. O local contribuiu para a paixão por observar pessoas, além de ser o palco perfeito para aprimorar suas habilidades performáticas — ela dançava para convidados. Seu talento era evidente, e aos 14 anos entrou na Folkwang Academy de Kurt Jooss, em Essen. Os métodos de dança--teatro dele incentivaram Pina a combinar dança com dramaturgia, a misturar regras tradicionais do balé com estilos mais livres e a absorver outras artes e focar a criatividade holística.

Pina sobressaiu-se, ganhando uma bolsa para estudar na Juilliard School de Nova York. Depois se apresentaria com o Metropolitan Opera Ballet e o New American Ballet. Durante o período em Nova York, ela devorou a alta e a baixa cultura, reforçando sua resolução de derrubar as barreiras de gênero.

Jooss a atraiu de volta para Essen a fim de se juntar a seu reformulado Folkwang Ballet, onde ela dançou e o ajudou a coreografar, depois produzindo peças próprias. Em 1973, tornou-se diretora do que ficaria conhecido como o Wuppertal Dança-Teatro e inventou novos gêneros nos quais trabalharia: óperas dançantes e peças que usavam músicas populares.

As obras de Pina eram despudoradamente dramáticas: ela ultrapassava os dogmas da dança e entregava emoções puras. Seus dançarinos desafiavam as convenções de gênero, moviam-se por cenários surreais e investigavam a si mesmos e suas experiências em busca de ressonâncias emocionais, tudo isso estimulado por momentos cômicos, com influência da técnica *clown*. Seus métodos tornaram-se muito influentes, e a companhia começou a trabalhar em parceria com outras ao redor do mundo. Pina também colaborou com diretores de cinema, incluindo Pedro Almodóvar e Wim Wenders, que realizou um documentário sobre a vida dela. Pina morreu de câncer apenas dois dias antes de filmar o documentário já iniciado.

A peça *O Barba-Azul: escutando uma gravação em fita da ópera de Béla Bartók "O castelo do Barba-Azul"*, assinada por Pina em 1977, foi primeiramente apresentada pelo Wuppertal Dança-Teatro. Trata-se de uma obra complexa inspirada em uma lenda popular gótica sobre um nobre violento e *serial killer* de esposas. Outra artista influenciada por essa história foi Angela Carter, que a recontou de forma adulta e apavorante como parte do que talvez seja seu mais bem conhecido trabalho, *A câmara sangrenta*.

AO TECER contos de fadas para adultos, Angela Carter trouxe uma perspectiva surreal e feminista a um gênero que até então era considerado dos mais banais.

Angela nasceu em Londres durante a guerra e teve uma infância que lembrava as partes ruins de um conto de fadas. O pai, jornalista, e a mãe puritana a superprotegiam e mimavam ao ponto da neurose: ela podia ficar acordada até depois da meia-noite, mas devia estar sempre no campo de visão deles – tinha que tomar banho com a porta do banheiro aberta mesmo já adolescente. Aos 17 anos, revoltou-se. Livrou-se da influência dos pais, começou a fumar e a usar saias curtas e perdeu muito peso, em um processo que evoluiu para a anorexia.

Os pais queriam que ela entrasse na Universidade de Oxford, mas Angela percebeu que eles simplesmente a acompanhariam, então rejeitou a ideia. Em vez disso, seguiu o caminho do pai no jornalismo e conheceu o químico industrial – e produtor de discos em meio período – Paul Carter, com quem foi a shows de bandas *folk* e marchas pelo desarmamento. Casaram-se em 1960 – para Angela, uma oportunidade de escapar dos pais – e mudaram-se para Bristol, onde ela frequentou a universidade. Lá, desenvolveu o próprio conceito de feminismo, baseado na atenuação e na subversão dos estereótipos de gênero.

A subsequente depressão de Paul isolou Angela, mas ela começou a publicar romances, recebendo o prêmio Somerset Maugham por seu terceiro trabalho, *Several Perceptions* [Percepções diversas]. Gastou o valor obtido em uma viagem solitária para o Japão, onde conheceu namorados inadequados que incentivaram e transformaram suas atitudes quanto às relações de gênero. Sua escrita também evoluía – dois livros que publicou lá traziam um escopo mais ambicioso. Angela se divorciou de Paul por correspondência.

Após deixar o Japão, tornou-se escritora residente em universidades como Sheffield, Brown, Adelaide e East Anglia, casando-se novamente em

Angela

1977 e tendo um filho. Em 1979, lançou sua obra mais famosa, a coletânea de contos *A câmara sangrenta e outras histórias*. Seu estilo adequava-se ao tema — sua prosa era repleta de descrições e rica em fantasia, com densidade quase sufocante. As heroínas eram autoconfiantes e transbordavam de um desejo transgressor: a Chapeuzinho Vermelho dormia com o lobo enquanto os ossos da avó tilintavam sob a cama.

Na década de 1980, Angela começou a ser conclamada, mas foi somente após sua morte, aos 51 anos, que sua obra e seu talento seriam realmente valorizados pelo público.

Angela não apenas escrevia ficção; ela era uma talentosa editora também. Apesar de certa vez ter se referido ao trabalho de Leonora Carrington como "empertigado", a coletânea que editou em 1986 — *Wayward Girls and Wicked Women: An Anthology of Subversive Stories* [Meninas rebeldes e mulheres perversas: uma antologia de histórias subversivas] — incluía um texto de sua autoria. "The Debutante" [A debutante] é uma história surreal sobre uma garota que liberta uma hiena do zoológico a fim de que esta a substitua no baile de debutante. A antologia reúne contos que apresentam personagens francas, inteligentes, multifacetadas e, frequentemente, com más maneiras — o tipo sobre o qual Angela gostava de escrever.

IRIS MURDOCH

Certa vez entrevistou uma de suas heroínas,

Carter

GALA DALÍ

Teve um caso com Max Ernst, assim como

KATI HORNA

Morou e trabalhou com

A DRAMÁTICA vida de Leonora Carrington foi intensa. Aos 25 anos ela já havia fugido com Max Ernst, conhecido Salvador Dalí, escapado dos nazistas, recebido tratamento de choque e se mudado para o México.

Mas vamos voltar ao início. Os Carrington moravam em uma mansão um tanto assustadora em Lancashire chamada Crookhey Hall. Sozinha em uma família de meninos, Leonora viveu rodeada pela natureza, com uma babá irlandesa que lhe contava lendas célticas. Expulsa de duas escolas em conventos, ela foi mandada para Florença a fim de aprender a pintar. Na volta, após sua apresentação à corte, pôde dar vazão à emergente paixão pelo Surrealismo na Chelsea School of Art.

Em 1937 conheceu em uma festa o mestre surrealista alemão Max Ernst, então com 46 anos, e os dois se apaixonaram. Ele largou a mulher, ela fugiu de casa, e o casal se mudou para a França. Lá estavam no coração do movimento artístico surrealista, e Leonora começou a criar ricos e simbólicos trabalhos influenciados pelos animais, que tanto adorava. À eclosão da Segunda Guerra Mundial, Marx foi considerado um "degenerado" pelos nazistas; aprisionado pelos franceses e depois pela Gestapo, ele abandonou Leonora e fugiu para os EUA com Peggy Guggenheim.

Leonora, arrasada, libertou sua águia de estimação e partiu para a Espanha. Sofreu um colapso nervoso e foi hospitalizada, tratada com terapia eletroconvulsiva e submetida a medicamentos pesados. Os pais enviaram sua babá de submarino para resgatá-la em Madri, mas Leonora a evitou, encontrando um rosto amigo no poeta mexicano Renato Leduc. Ele concordou com um casamento de conveniência, e o casal se mudou primeiro para Nova York, em seguida para a Cidade do México, onde alguns anos depois ela se casaria com o fotógrafo surrealista húngaro Csizi Weisz, com quem teria dois filhos.

A arte de Leonora, fortemente calcada na mitologia e na natureza, e sua escrita semiautobiográfica aos poucos se tornaram incrivelmente populares no México. Nas décadas de 1970 e 1980, ela foi redescoberta e revalorizada pelos acadêmicos, e, conforme sua morte na avançada idade de 94 anos se aproximava, seus quadros passaram a ser vendidos por vultosas quantias.

Talvez o período mais feliz da vida de Leonora tenha sido ao lado das grandes amigas e também artistas refugiadas Kati Horna e Remedios Varo. O trio se conheceu no México e formou um clã — seus filhos cresceram juntos. Em Remedios, Leonora encontrou uma companheira no interesse pelo mundo dos espíritos e do oculto, e as duas estudaram juntas alquimia, tarô e astrologia. Também acreditavam que as mulheres tinham direito aos "mistérios" dos poderes mágicos transmitidos por antigas tradições pagãs.

LEONORA CARRINGTON

OS QUADROS oníricos infundidos de magia de Remedios Varo foram fundamentais para o movimento surrealista da Cidade do México.

Remedios cresceu em Girona, Espanha. Os pais incentivaram suas tendências artísticas — o pai era engenheiro e lhe ensinou desenho técnico —, e as viagens da família pelo país e para o Norte da África expandiram o universo de influências de Remedios muito além da cidadezinha em que passou a infância. A família se estabeleceu em Madri, onde Remedios frequentou a escola e a Real Academia de Belas-Artes de São Fernando. Ela começou a se sentir intrigada pelo Surrealismo, interesse alimentado pelas mudanças para Paris e depois para Barcelona durante um breve primeiro casamento.

Em Barcelona, Remedios juntou-se ao Grupo Logicofobista, que tinha como objetivo aliar arte e metafísica de um modo que desafiava a lógica e a razão. Ali, também conheceu o poeta surrealista francês Benjamin Péret, com quem iniciou um relacionamento amoroso. Os dois retornaram a Paris, onde integraram o círculo surrealista, que incluía Leonora Carrington e André Breton, com quem ela colaborou. No entanto, Remedios sentia que — talvez devido a seu gênero — não recebia o mesmo prestígio artístico destinado a alguns dos colegas. Esse sentimento depois se refletiria em sua obra.

Quando os nazistas ocuparam a França, Remedios foi presa por ser uma odiada surrealista.

REMEDIOS VARO

Na ocasião de sua soltura, decidiu fugir para a Cidade do México, onde se identificou com artistas expatriados e foi inspirada por locais como Diego Rivera e Octavio Paz. Para pagar as contas, Remedios trabalhou com arte comercial e como estilista. No entanto, depois de se separar de Péret, apaixonou-se por Walter Gruen, um rico empresário austríaco cujo dinheiro permitia a ela pintar em tempo integral.

As representações de personagens andróginos feitas por Remedios — algumas vezes realizando experiências científicas, outras em cenários místicos, ou ainda simbolizando a supressão das mulheres na arte — começaram a ser expostas e vendidas. Infelizmente, a carreira de Remedios terminou cedo, quando ela morreu após um ataque cardíaco com apenas 55 anos.

O mundo mágico de Remedios foi capturado de modo objetivo e mais literal pela fotógrafa Kati Horna, o terceiro membro do trio surrealista. Kati tirou fotos das vidas interligadas dessas três mulheres, fornecendo um vislumbre de seu cotidiano.

FOTÓGRAFA SURREALISTA mais conhecida pelas imagens da Guerra Civil Espanhola, Kati Horna desenvolveu uma obra notável tanto pela estética quanto pelo cunho político.

Kati Deutsch nasceu em Budapeste, na Hungria, que na época passava por uma turbulência econômica. Quando adolescente, ela conheceu o lendário fotógrafo de guerra Robert Capa (então conhecido como Endre Friedmann). Com forte consciência política, os dois tiraram proveito dos respectivos trabalhos. Após o pai de Kati morrer, ela decidiu que ganharia a vida produzindo fotos, sendo esse também o meio perfeito para transmitir suas concepções radicais. Kati estudou em Berlim, onde se tornou parte de um pequeno grupo de ativistas que incluía o teórico Karl Korsch e o dramaturgo Bertolt Brecht, e começou a descobrir como combinaria política, psicanálise e arte.

No fim da década de 1930, reencontrou Capa em Paris, onde iniciou séries fotográficas de mercados de pulgas e cafés, além de realizar experiências com o Surrealismo. Ela então acompanhou Capa à Espanha, onde a Guerra Civil se intensificava. Enquanto Capa focava suas lentes na ativa frente de batalha, Kati, mais reservada, registrava imagens solidárias e visionárias daqueles afetados pela guerra, capturando a resiliência de mulheres sob cerco.

Kati trabalhou para publicações anarquistas como a *Umbral*, na qual era editora gráfica. Ali, conheceu o futuro marido, o artista José Horna. O casal fugiu para Paris em 1939 e então, durante a ocupação nazista, seguiu para o México, onde ela firmaria uma íntima amizade com Remedios Varo e Leonora Carrington. Kati havia conhecido o marido de Leonora, "Chiki" Weisz, em seu tempo de menina na Hungria.

Além de ter tido uma filha com José, Kati continuou tirando fotos, muitas delas figurando máscaras, bonecas e outros elementos fantásticos. Também produziu retratos do grupo de artistas reunidos na cidade, incluindo Alejandro Jodorowsky e Alfonso Reyes. A Cidade do México tornou-se a musa de Kati — ela obteve cidadania e fotografou para várias revistas o tão adorado lar adotivo.

Ficou inconsolável após a morte de Robert Capa no Vietnã, e sua obra amadureceu ao longo da década de 1960, considerada o auge de sua carreira. Ela registrou outras histórias que suscitavam reflexão, nas quais considerava questões de gênero e efemeridade, e também fotografou arquitetura. Lecionando e colaborando com revistas, Kati desfrutou de uma longa vida — faleceu aos 88 anos.

CLAUDE CAHUN foi também uma pioneira da fotografia surrealista

KATI HORNA

Título original: *I Know a Woman*.

Publicado originalmente em 2018 no Reino Unido pela Aurum Press, um selo editorial da The Quarto Group, The Old Brewery, 6 Blundell Street, N7 9BH, Londres, Inglaterra.

Copyright © 2018 Quarto Publishing plc.
Copyright do texto © 2018 Kate Hodges
Copyright do prefácio © 2018 Lucy Mangan
Copyright das ilustrações © 2018 Sarah Papworth
Copyright © 2018 Publifolha Editora Ltda.

Todos os direitos reservados. Nenhuma parte desta obra pode ser reproduzida, arquivada ou transmitida de nenhuma forma ou por nenhum meio sem a permissão expressa e por escrito da Publifolha Editora Ltda.

Proibida a comercialização fora do território brasileiro.

Coordenação do projeto: Publifolha
Editoras-assistentes: Fabiana Grazioli Medina, Isadora Attab
Coordenadora de produção gráfica: Mariana Metidieri

Tradução: Tácia Soares
Preparação: Carla Fortino
Revisão: Juliana Rodrigues, Fernanda Bincoletto, Débora Donadel

Edição original: Aurum Press
Projeto gráfico: Paileen Currie
Diagramação: MrsEaves

Dados Internacionais de Catalogação na Publicação (CIP)
(Câmara Brasileira do Livro, SP, Brasil)

Hodges, Kate

Mulheres notáveis : conexões inspiradoras entre mulheres nas artes, na política, nas ciências e no esporte / Kate Hodges ; prefácio por Lucy Mangan ; ilustrações de Sarah Papworth ; [tradução Tácia Soares]. -- São Paulo : Publifolha, 2018.

Título original: I Know a Woman.
ISBN 978-85-94111-19-7

1. Mulheres - Biografia - Literatura juvenil
I. Mangan, Lucy. II. Papworth, Sarah. III. Título.

18-17520   CDD-028.5

Índices para catálogo sistemático:
1. Mulheres : Biografia : Literatura juvenil 028.5

Cibele Maria Dias - Bibliotecária - CRB-8/9427

Este livro segue as regras do Acordo Ortográfico da Língua Portuguesa (1990), em vigor desde 1º de janeiro de 2009.

Impresso na China.

PubliFolha
Divisão de Publicações do Grupo Folha
Al. Barão de Limeira, 401, 6º andar
CEP 01202-900, São Paulo, SP
www.publifolha.com.br

Agradecimentos

Este livro é dedicado a todas as mulheres inspiradoras, solidárias e divertidas de minha vida: minha mãe, Rhona, minha filha, Dusty, Esther, Guri, Sarah, Sarra, Hege, Nadia, Denise, Alix, Melissa, sra. Kennedy, todas as meninas da banda Ye Nuns, Letty, Megan, Ingrid, Ann, Jane e Caroline.
E tudo de bom para os homens também: Jeff, Arthur, Tom e Colin.
Agradeço muito a: Sarah Papworth, pelas ilustrações fantásticas; Juliet Pickering, a agente-celebridade, e todos da agência literária Blake Friedmann; Melissa Hookway, da Aurum Press, pelo discernimento, incentivo e experiência; Josh Ireland, pela edição cuidadosa e de grande ajuda; e Paileen Currie, pelas formidáveis habilidades de design.

Sobre a autora

KATE HODGES é inglesa, formou-se em jornalismo na Universidade de Westminster. Em 25 anos de profissão, trabalhou internamente em publicações como *The Face*, *Bizarre*, *Just Seventeen*, *Smash Hits* e *Sky*, além de colaborar com textos eventuais para *The Guardian*, *Kerrang!* e *NME*. Trabalhou com rádio e produtoras de cinema. Também é autora de três guias alternativos dedicados a Londres: *London in a Hour*, *Rural London* e *Little London*. Nas horas vagas, toca baixo nas bandas Ye Nuns e The Hare and Hoofe.

SARAH PAPWORTH vive em West Midlands, Inglaterra, e trabalha como designer e ilustradora freelancer, com atuação no mercado editorial e em estamparia para roupas, papelaria e objetos decorativos.